Historia secreta
del cinturón de castidad

Piero Lorenzoni

Historia secreta del cinturón de castidad

OPUS VOLUPTATIS

Ediciones Martínez Roca, S. A.

Título original: *Storia segreta della cintura di castità*,
publicado por acuerdo con Karta, s.a.s., Florencia, Italia
Traducción: Teresa Clavel
Diseño cubierta: V. M. Ripoll Arias
Fotografía portada: Cinturón de castidad en foto de desnudo. 1910, colección del profesor F. Krauss
Contraportada: Reproducción oleográfica de una ilustración de estilo medieval. Finales del siglo XIX

Colección dirigida por Rubén Krause

Gran Via, 774, 7.°, 08013 Barcelona
ISBN 84-270-1519-4
Depósito legal B. 14.983-1991
Fotocomposición de Pacmer, S. A., Lepanto, 264, 3.° F, 08013 Barcelona
Impreso por Libergraf, S. A., Constitució, 19, 08014 Barcelona

Impreso en España - Printed in Spain

PRÓLOGO

Con este ensayo, en el que realiza un recorrido por la historia secreta del cinturón de castidad, Piero Lorenzoni se revela una vez más como uno de los pocos estudiosos del erotismo. Además de especialista en el tema, Lorenzoni es también un apasionado coleccionista de libros y documentos fotográficos relacionados con el erotismo.

El presente trabajo –que el autor acompaña de abundante documentación histórica, tanto gráfica como literaria, con textos de época que proporcionan una gran viveza y significación al excursus*– nació, al parecer, como resultado del resurgir que ha tenido el cinturón de castidad en nuestra época, producto sobre todo de la fantasía artística.*

De hecho, hace unos dos años la prensa se hizo eco de un imprevisible y renovado interés por los cinturones de castidad, cuyas ventas alcanzaban cifras nada despreciables y que, además, contaban con el privilegio de ir firmados. Pues bien, en aquel momento, al tratar el fenómeno en mi programa televisivo afirmé que, en el umbral del siglo XXI, me parecía inconcebible que el cinturón de castidad pudiera tener otra función que la de estimular juegos –por otra parte desconocidos para mí– en el seno de la pareja.

Hoy es Lorenzoni quien, en las páginas finales de su historia del cinturón de castidad, se refiere a un instrumento más de placer que de tortura. El hecho de que, además, estos objetos infernales hayan sido durante mucho tiempo motivo de tortura para las desdichadas mujeres que se veían obligadas a llevarlos, es algo sobradamente demostrado y, por fortuna, olvidado para siempre.

A lo largo de los años, sin embargo, padres obtusos y maridos posesivos han impuesto otras clases de cinturones de castidad. Me refiero, claro está, a esos cinturones que adoptan la forma de impedimentos psicológicos, de coacciones y prohibiciones, de indiferencia total hacia la sensibilidad ajena, y de falta de respeto por la dignidad de las mujeres, ya sean éstas esposas, hijas o compañeras. La historia de esos múltiples e insidiosos cinturones todavía no ha sido escrita, pero se puede reconstruir a partir de la experiencia de muchas mujeres.

MAURIZIO COSTANZO

INTRODUCCIÓN

Según algunos historiadores, la adopción del cinturón de castidad –llamado *cintura di castità* en Italia, *ceinture de chasteté* en Francia, *girdle of chastity* en Gran Bretaña, *keutschheitsgürtel* o *Venusband* en Alemania, *kuisscheidgordel* en Holanda, etc.– se remonta a la época de las primeras Cruzadas, y su única función era la de embridar los órganos genitales de las mujeres, ya fueran éstas amantes o esposas, a causa del temor que sentían los hombres a ser traicionados.

Ambas afirmaciones son totalmente erróneas y arbitrarias, y resultaría lamentable que, con el distanciamiento que permite el paso de tantos siglos, se continuara admitiendo como obvio y exacto un hecho que no lo es en absoluto, y que presenta al cinturón de castidad con una imagen desmesuradamente severa y culpable.

Por amor a la justicia y con intención de rehabilitar, al menos en parte, tan singular instrumento, se ha escrito este ensayo basado en investigaciones históricas, literarias y psicológicas, en recuerdo y para oprobio de aquellas personas –por desgracia bastante numerosas– que durante mucho tiempo han creído que el cinturón de castidad era tan sólo un bárbaro instrumento de tortura.

Al margen de su utilización como elemento nada despreciable de educación sexual y de rigurosa disciplina, según los principios de la moral y de la Santa Iglesia Romana –sin dejar de considerar las inevitables excepciones–, el cinturón de castidad representa sobre todo un refinado ingenio capaz de suscitar voluptuosos deseos y de estimular placeres eróticos en todas las mujeres y todos los hombres dotados de sensualidad y fantasía.

R
EX LIBRIS
R

CRUZADAS SIN CINTURÓN

OPUS VOLUPTATIS

No pocos historiadores y ensayistas han descrito y narrado como los «nobles defensores del Santo Sepulcro», al verse obligados a permanecer lejos de su residencia largas temporadas de duración imprevisible, tuvieron que sellar con los aparatos apropiados los órganos genitales de sus esposas o amantes, con objeto de defender una virtud de la que ellos mismos, combatiendo en Tierra Santa en nombre de Cristo, debían convertirse en los paladines más calificados.

Ahora bien, si esta hipótesis puede resultar atractiva para determinados defensores a ultranza de la moral que tan bien se adaptaba a la obra religiosa –o más bien seudorreligiosa, en cuanto que, como es manifiesto, gran parte de las Cruzadas anteponían la conquista de un espacio propio y una organización económica más ventajosa a la del Santo Sepulcro– llevada a cabo por los cristianos que combatían a miles de kilómetros de las paredes domésticas, la realidad, en cambio, demuestra de modo incontrovertible que los orígenes del cinturón de castidad se remontan al siglo XV, y en modo alguno a un período anterior.

De hecho, según los minuciosos estudios realizados por J. Fauconney (que con el seudónimo de Caufeynon escribió a principios de siglo un documentadísimo ensayo sobre el cinturón de castidad), la totalidad de los numerosos ejemplares esparcidos por museos y colecciones particulares en toda Europa, los cuales, «tanto por su estructura como por los procedimientos de forjado parecerían datar de la época de las Cruzadas, tras un esmerado análisis químico del metal revelan una factura mucho más reciente y, en consecuencia, deben considerarse falsos».[1]

Ningún impedimento habrían encontrado los museos para conservar y exponer cinturones de castidad anteriores al siglo XV, en caso de que realmente hubieran existido ejemplares tan antiguos, del mismo modo que lo han hecho con otros objetos de contenido erótico, como, por ejemplo, los «olisbos» de la época precristiana.

Por otra parte, es sumamente improbable que tan singulares aparatos fueran destruidos por manos desconocidas o por los propios cruzados, que en teoría habrían sido los primeros interesados en conservarlos, en prueba de su falocracia y soberanía sobre las esposas y amantes que los portaban.

En resumen, que la autenticidad de los ejemplares repartidos por todos los museos y colecciones del mundo se

1. Por otra parte, a las mismas conclusiones llegaron E. Fuchs (autor de la obra monumental *Illustrierte Sittengeschichte von Mittelalter bis zu Gegenwart*, Munich, 1909-1912), E. John Dingwall (en su clásica obra *The Girdle of Chastity*, Londres, 1931), F. M. Feldhaus (en *Ka-Pi-Fu*, Berlín, 1921) y otros.

ve comprometida en todos los casos en que éstos se presentan como productos medievales.

Recientemente, el museo más famoso de Europa en cuestión de cinturones de castidad, es decir, el Museo de Cluny, en París, ha dado ejemplo de ello.

Los visitantes actuales quedarían bastante decepcionados si buscaran en sus salas los cinturones descritos en aquellos libros que, con mayor o menor convicción, sostienen esta teoría. Al ponerse de manifiesto, tal vez hace ya varios años, pues las investigaciones se llevaron a cabo en absoluto secreto, que dichos cinturones –como ha afirmado la dirección del propio Museo– eran «piezas falsas del siglo XIX», fueron retirados de la circulación y quedó prohibida su exhibición al público.

Otro argumento importante que excluye la presencia de los cinturones de castidad antes de expirar la Edad Media, es la ausencia absoluta de textos literarios que ilustren su existencia o aludan de algún modo a ella.

Mi bella largo rato me abrazó
y una llave de oro me dio,
diciendo: «Esta llave llevaréis
y con gran celo la guardaréis,
pues es la llave de mi tesoro,
que encierra mi honor y mi decoro».

Así cantaba Guillaume de Machaut, que vivió a finales del siglo XIV, en un pasaje lírico del *Livre de Voir-Dit*, con el corazón y los sentidos puestos en su adorada Inés de Navarra.

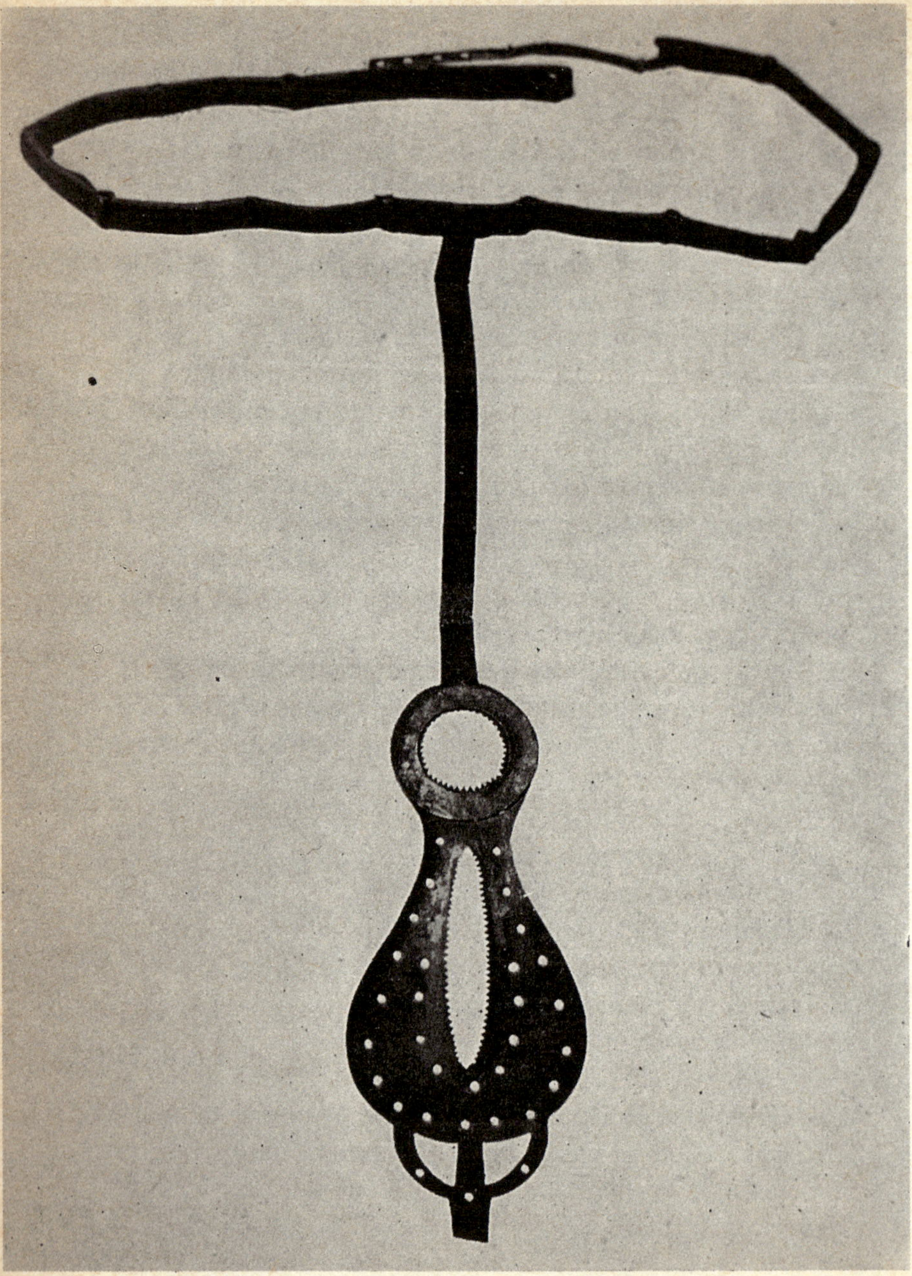

Cinturón de castidad. Museo de Cluny, París.

Aproximadamente un siglo antes, en *Guigemar* –uno de los doce poemas incluidos en sus célebres *Lais*–, María de Francia narraba de forma similar el día en que Guigemar se despide de su amada antes de partir para un largo viaje, y como ésta le dice que, si él la traicionara, se quitaría la vida.

Mientras pronuncia esas palabras, anuda la camisa del amante de forma que no pueda quitársela más que rasgándola violentamente y, sugiriéndole hacer lo propio con ella, que lo estrecha entre sus brazos y lo besa con frenesí, concluye: «Os concedo el privilegio de uniros a aquella que sepa desatarla, sin que yo pueda darme cuenta de que lo ha hecho».

Como resulta evidente, se trata de obras poéticas y literarias que tienen un mero valor simbólico y que, en todo caso, sirven para acentuar sentimientos de fidelidad y amor que la mujer experimenta hacia el hombre al que está unida. Sin embargo, habrá que llegar a los siglos XV y XVI para encontrar ejemplos concretos extraídos de la narrativa, anécdotas o hechos, ya sea en clave mordaz o satírica, referentes al cinturón de castidad. De modo que, como dice Cleugh en un interesante ensayo acerca de la vida sexual en la Edad Media,[1] «la producción literaria trobadoresca constituía una afirmación de audacia y franqueza inexistente en el Medioevo». En cuanto a la moralidad de los cruzados, debía de ser bastante dudosa si en 1180, también según Cleugh, «sólo los cruzados franceses disponían en Tierra Santa de 1.500 prostitutas, mientras que

1. J. Cleugh, *Love Locked Out*.

en la conquista del Santo Sepulcro los cruzados de todos los países consiguieron escandalizar con sus atrocidades tanto a los bizantinos como a los turcos».

Avanzando a través de los siglos hasta llegar a períodos más cercanos al nuestro, el uso del cinturón de castidad se extiende con rapidez en un sentido, como ya se ha dicho, esencialmente lúdico. Sin embargo, en los dos últimos siglos entra, aunque sea a hurtadillas, en el mundo de la ciencia y la conventualidad con fines, por decirlo de algún modo, educativos. Es decir, que se utiliza para impedir la práctica de la masturbación en los jóvenes, y como cilicio por parte de las monjas de clausura. A continuación se expondrán algunos ejemplos.

PARA PREVENIR Y COMBATIR EL «VICIO SOLITARIO»

OPUS VOLUPTATIS

Si bien hoy en día el «vicio solitario» se considera un acto normal, sin consecuencias en lo relativo a la salud salvo en caso de excesos, en el siglo XVIII –así como en épocas anteriores– científicos y literatos de renombre, como Tissot y, más tarde, Garnier, lo consideraban pernicioso hasta el punto de profetizar gravísimos males, e incluso la muerte, a aquellos que lo hubiesen practicado. Por eso, el manual de un tal Müller[1] despertó en 1789 un interés particular, en tanto que, dirigiéndose de forma especial a los padres, denunciaba los peligros del onanismo y aconsejaba utilizar como remedio un aparato muy similar al cinturón de castidad.

El cinturón de Müller consistía en una banda de acero más fina que el muelle de un reloj e igualmente flexible, que, pese a ofrecer una moderada resistencia, presentaba la ventaja de poder llevarse también con el estómago lleno.

Dicha banda, recubierta de cuero blando u otro tipo de

1. K. Müller, *Mittel wider den Kindermord*, Halle, 1781.

material, estaba provista de un minúsculo candado que se sujetaba en la juntura del aro, pasaba entre las piernas, se dividía a la altura del ano y cerraba la vulva mediante una delgada lámina convexa de latón, donde se había practicado la oportuna abertura.

Otro aparato destinado a la misma finalidad es el de John Moodie, un médico de Edimburgo del siglo pasado, autor de un libro en el cual, tras desaprobar la inmoralidad de las mujeres escocesas que utilizaban el «olisbos» (o falo artificial, el antecesor del vibrador) para masturbarse, ofrece un objeto de su invención.

El cinturón de Moodie está formado por una especie de almohadilla con una fina rejilla de marfil, que se apoya en la vulva y oprime los labios mayores, cerrando por completo el acceso al sexo.

El ingenio se colocaba contra el perineo y se aseguraba con un candado perfectamente oculto bajo un minúsculo trozo de tela, de modo que resultara bastante difícil localizarlo y abrirlo.

A pesar de la aparente eficacia del utensilio, no parece que el científico obtuviera un éxito apreciable por parte de aquellos padres que pretendían preservar a sus hijas de cualquier intento por excitarse ellas mismas y de mantener contactos sexuales prematuros.

A los mismos resultados –aunque con propósitos libertinos– llega la famosa novela erótica *Le rideau levé*, atribuida a Octave Mirbeau y publicada en 1768 con un nombre falso, el del padre de Laure.

Laure es una graciosa muchachita que experimenta las primeras excitaciones sexuales consigo misma y con Lucette, la joven gobernanta a la que descubre en el lecho con su padre. La chiquilla le cuenta a una amiga:

> Nos dormimos una en brazos de otra, invadidas por una agradabílisima embriaguez, y, hacia el alba, mientras estábamos acariciándonos, apareció mi padre e hizo entrar a una mujer a la que había llamado la víspera.
>
> Cuáles no serían mi sorpresa y mi dolor cuando ésta me colocó una especie de calzas de tafilete, forradas de terciopelo, que, partiendo desde más arriba de las caderas, descendían hasta medio muslo.
>
> El conjunto era bastante amplio y no me resultaba molesto, excepto el cinturón, que me ceñía el talle y estaba provisto de unas correas que pasaban por encima de los hombros y se unían en la espalda. Todo esto se podía ensanchar a voluntad. El cinturón estaba abierto por delante y se prolongaba unos cuatro dedos hacia abajo; en él se habían practicado unos ojales, tanto por delante como por detrás, a través de los cuales mi padre pasó una minúscula cadena de plata trabajada con gran finura, que cerró con un candado.
>
> –Mi querida Laure –me dijo–, tu salud y tu bienestar me preocupan. El azar te ha instruido en aquello que no habrías debido saber antes de los dieciocho años. Por eso es necesario que tome precauciones

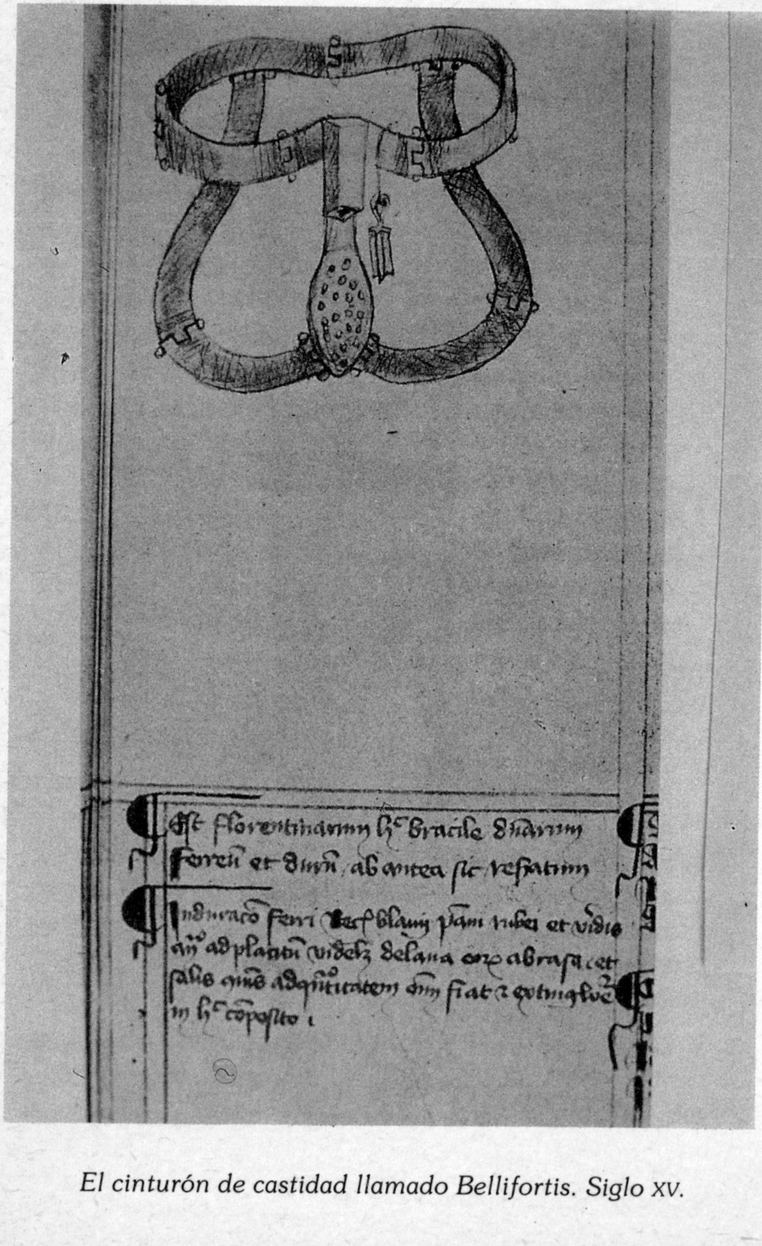

El cinturón de castidad llamado Bellifortis. Siglo XV.

contra tus escasos conocimientos, y contra una inclinación cuyo origen es la propia naturaleza y la necesidad de amor. Algún día me lo agradecerás.

Al principio, me sentí profundamente ofendida e incapaz de ocultar mi malhumor; sin embargo, después comprendí, incluso demasiado bien, lo agradecida que debía estarle.

Mi padre lo había previsto todo.

En el extremo inferior de aquellas calzas había una pieza de plata, dorada por la otra cara, cuya anchura coincidía con la de mi entrepierna y que me cubría por completo el sexo sin producirme ninguna molestia.

Estaba cortada en sentido vertical, y la hendidura se abría y se cerraba por medio de unas bisagras colocadas en toda su longitud, según se separaran o se juntaran los muslos.

Además, en las calzas se había practicado un agujero, lo suficientemente grande como para permitirme realizar todas las funciones naturales sin tener que quitármelas; sin embargo, me resultaba imposible introducir el dedo, hecho esencial que mi padre quería evitar y cuya privación era para mí sumamente penosa.

Durante los cuatro o cinco años que transcurrieron desde aquel día, mi padre me quitaba las calzas todas las noches. Lucette las limpiaba con esmero y me lavaba; a continuación, después de haberse asegurado de que no me hubieran producido ninguna herida, me las ponía de nuevo.

Las llevé hasta la edad de dieciséis años; en el

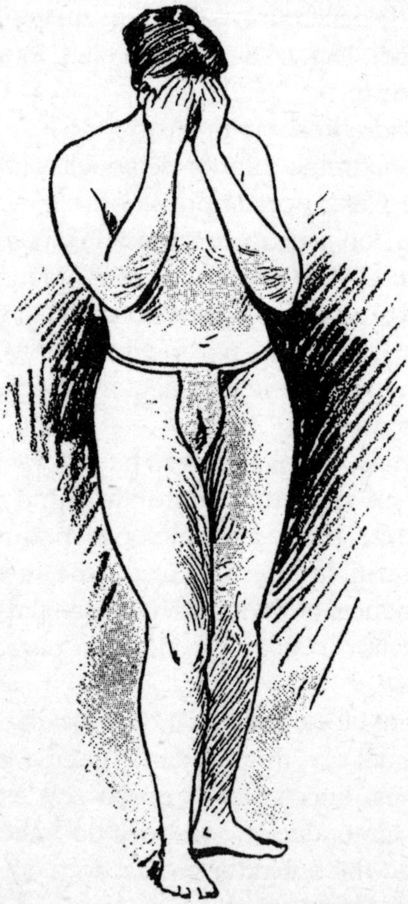

transcurso de todo ese tiempo, mi experiencia se incrementó y adquirí conocimientos de todo tipo.

Ya me había acostumbrado a la prisión donde se me había recluido, que la perspectiva de un final próximo me había hecho soportable.

Por otra parte, la obligación de llevar aquellas insólitas calzas no me impedía en absoluto gozar de las caricias que hacía o de las que era testigo, ya que había logrado que mi padre y Lucette no se sintieran embarazados en mi presencia.

No obstante, con frecuencia interrogaba a papá acerca de las razones en que se basaba la necesidad del castigo que me imponía; él siempre posponía la respuesta para cuando me hiciera más mayor, hasta que, apenas hube cumplido los dieciséis años, me reveló la solución del enigma.

–Mi querida hija –dijo–, ahora ya no te considero una niña; has alcanzado la edad en que puedo decírtelo casi todo, y siento que eso es precisamente lo que debo hacer.

»Debes, pues, saber –prosiguió mi padre– que la naturaleza influye en el crecimiento del género humano hasta los quince o dieciséis años; cuando se rompe la armonía con desfogues eróticos prematuros, toda nuestra vida se resiente de ello, y los resultados son enormemente desagradables. Las mujeres, por ejemplo, o bien mueren prematuramente, o bien, al privar a la sangre del vehículo necesario para producir las reglas a la edad apropiada y de forma saludable, se debilitan y languidecen entristecidas, son víctimas de sudores fríos, contracciones nerviosas, vértigos o furores uterinos, y acaban sus días en un estado con frecuencia funesto...

Pese a tan nobles como arbitrarias consideraciones, a todas luces inspiradas por las funestas teorías de Tissot, el padre de la jovencísima Laure –dicho sea entre paréntesis– será el primero en coger aquella flor que, gracias a las «calzas», es decir, al cinturón de castidad, se había conservado intacta como si hubiera permanecido en un invernadero.

EN LOS CONVENTOS SE ADOPTA COMO CILICIO

Instrumento de tortura por voluntad de Dios y de los santos, los religiosos adoptaron en los siglos pasados el cinturón de castidad como si fuera un auténtico cilicio.

Para ahuyentar del pecado el maleficio,
ponte este cinturón cual un cilicio.

Éste fue el insólito mensaje que la Madre Superiora de un convento de los alrededores de Mannheim, recibió en herencia de una hermana fallecida, junto a un deteriorado cinturón de castidad que le había servido, durante toda su vida, para no caer en la tentación de masturbarse o de *–vade retro* Satanás– mantener contactos carnales de cualquier tipo.

Un cronista anónimo del siglo pasado habla también de un monasterio situado en la periferia de Arles, cuyo prior, preocupado por la frecuencia de los hijos bastardos que las hermanas de la caridad debían mantener, había impuesto a todas las novicias el uso del «ingenio florentino» hasta el momento de pronunciar los votos, y guardaba el manojo de llaves colgado de una pared de la celda, junto al crucifijo.

Bajo el manojo de llaves, un letrero rezaba:

En la tierra castas sean, igual que casta permaneció, allá en las alturas, la madre de Nuestro Señor.

Bastante menos pío que el anterior, el padre confesor del convento de Portalegre, en Portugal, para evitar que las religiosas pudieran mantener relaciones amorosas con otros sacerdotes más jóvenes que él, se dedicó a confeccionar por su cuenta rudimentarios cinturones, negando la absolución a aquellas monjas que se negaban a ponérselo.

Por otra parte, en un ensayo publicado hacia mediados del siglo XIX, el historiador alemán Bibra relata que a las conversas de un monasterio peruano se les impuso como penitencia llevar un cinturón metálico constituido por una red de finísimo hilo.

Fue en 1907 cuando el uso del cinturón de castidad a modo de cilicio tuvo el honor, por así decirlo, de ser abordado por la prensa austríaca.

Aquel año, un periódico socialista vienés publicó una noticia que produjo un gran alboroto: los padres dominicanos del pueblecito de Kaschau habían fundado la Sociedad del cinturón de santo Tomás de Aquino, cuyos miembros (señoras jóvenes y muchachas en edad casadera) debían ponerse un cinturón de castidad, con la imagen del santo protector impresa en la parte destinada a cubrir las secretas zonas femeninas.

En plena armonía con la frase de santo Tomás, apóstol de Cristo («si no toco, no creo»), los religiosos se habían arrogado el exclusivo derecho de poner y quitar el susodicho cinturón a todas las socias, a fin de constatar su perfecta integridad, provocando de ese modo la ira y la desaprobación de los legítimos consortes y padres de las mismas.

Tras la publicación del artículo que denunciaba el insólito procedimiento, el prior de los dominicanos, un tal Martin Molnar, respondió con un rotundo desmentido, afirmando que la «sociedad» tenía como fin conservar castas y puras en un sentido espiritual, además del carnal, a las mujeres y muchachas que pertenecían a ella, y que el control por parte de los sacerdotes estaba más que justificado.

De hecho, eran ellos y sólo ellos quienes «anotaban puntualmente en un registro el nombre de la señora o la muchacha a quien se lo ponían, y la fecha en que se llevaba a cabo dicho control, con todas las responsabilidades que de ello pudieran derivarse».

Según afirma Dingwall en su docta obra *The Girdle of Chastity*, vuelve a hablarse de cilicio a raíz del descubrimiento del famoso esqueleto con cinturón realizado por el historiador bávaro Pachinger el siglo pasado.

Con ocasión de los trabajos de restauración efectuados en una vieja iglesia austríaca, se encontró un pesado

Del alfabeto atribuido a J. A. Chauvet para ilustrar el Dictionnaire érotique moderne, *de A. Delvau. 1864.*

ataúd que, casualmente, fue abierto en presencia de Pachinger.

Al levantar la tapa, apareció un esqueleto femenino bien conservado, con el cráneo cubierto por un rico tocado de cabellos rojizos.

La espléndida dentadura, milagrosamente intacta, indicaba que la difunta era una persona joven, y las lujosas vestiduras de damasco marrón de estilo dieciochesco la revelaban como una mujer de alto rango.

Una vez retirados con gran esmero el vestido y una especie de sotana amarilla, vieron que la región pélvica estaba rodeada por un círculo de hierro formado por varios segmentos y unido a la zona abdominal por una placa, también de hierro, con forma de suela de zapato. El conjunto permanecía unido gracias a un par de pequeños candados muy oxidados.

La placa frontal –forrada, como todo lo demás, de seda de un color amarillo oscuro– presentaba una abertura de siete centímetros de largo y cinco de ancho, y estaba provista de veintidós dientes. En cambio, en la placa posterior y en el lugar que correspondía al ano, se apreciaban tres aberturas de aproximadamente tres centímetros y medio cada una.

Fueron muchas las conjeturas que se hicieron sobre el descubrimiento del esqueleto de la joven, pero prevaleció la suposición de que se trataba de una honesta y religiosa dama de la aristocracia, la cual, para evitar posibles tentaciones y de acuerdo con el prior de la iglesia, se había impuesto el uso del incómodo cinturón a modo de cilicio.

Al enterarse del descubrimiento realizado por el científico, un poetastro sin prejuicios y obviamente anticlerical depositó junto al sepulcro esta irreverente estrofa:

Esa pureza que te fue tan preciada
como para guardarla bajo férreo candado,
¿no hubiera sido mejor perderla en la cama,
que ofrecerla intacta a los gusanos?

A VECES SIRVE PARA CASTIGAR AL HOMBRE TANTO COMO A LA MUJER

A este respecto, Caufeynon relata un caso extraordinario que le sucedió a un tal doctor Dupuytren, el cual, a finales del siglo XVIII, fue requerido por el director de una de las industrias francesas más destacadas de aquellos tiempos para hacerle una consulta.

Mientras examinaba la verga del cliente, que padecía de atroces dolores en aquella parte de su anatomía, el médico descubrió que el prepucio presentaba varias perforaciones.

El paciente, al ser interrogado, le contó que unos años antes había pasado una larga temporada en Portugal, donde se había unido a una dama joven y bella, pero extremadamente apasionada y celosa.

Locamente enamorado de la muchacha, el industrial no había tardado en sufrir su tiranía.

Un día, durante los habituales arrebatos amorosos, sintió un pinchazo en el prepucio y, desasiéndose de los brazos de su amante, descubrió que ésta lo había infibulado con un diminuto candado de oro, cuya llave conservaba ella en su poder. Era tanto el afecto que la mujer le inspiraba, que el hombre aceptó llevar el candado, casi como un adorno.

Orgullosa y feliz del éxito obtenido, la bella dama logró no sólo que su amigo permitiera que le cambiase el candado cada vez que el prepucio presentaba alteraciones, sino incluso que aceptase que le colocara, en aquella parte tan delicada, ¡dos candados a la vez!

Aproximadamente un siglo después de ese insólito acontecimiento –y la noticia adquiere mayor importancia dada la autoridad de los escritores que la dan a conocer–, los célebres hermanos Edmond y Jules Goncourt relatan en su famoso *Diario*, situándola en fecha 31 de mayo de 1881, la siguiente historia:

> –Señores –dijo un ex ministro–, sin duda ustedes conocen el cinturón de castidad que se encuentra en el Museo Cluny, y probablemente no ignoran que tales objetos continúan fabricándose.
>
> »Lo que a buen seguro no saben es que también se fabrican para hombres.
>
> »De hecho, durante el período en que se desarrolló mi ministerio, un comerciante fue perseguido por la justicia por haber expuesto en su establecimiento uno de esos ejemplares.
>
> »Al examinar sus libros de registro, se encontraron los nombres de los destinatarios. Entre ellos figuraban los datos y la dirección de una persona de la alta sociedad, a quien su esposa obligaba a llevar uno de

estos cinturones cuando se ausentaba, conservando ella la llave.

»Conozco muy bien al hombre en cuestión –concluía el ex ministro–, y aproveché el descubrimiento para burlarme de él.

Por otra parte, no hay que olvidar que, en la antigua Roma, los cantantes debían evitar cualquier clase de exceso sexual para conservar la pureza de sus voces.

Con el fin de proteger su miembro contra posibles tentaciones eróticas, muchos melómanos romanos se colocaban unos anillos, con los que atravesaban los pliegues del prepucio y que se ataban con una cinta por encima del glande.

En cierto sentido, dichos anillos se pueden considerar como los precursores de los cinturones de castidad.

Y, ya en nuestros días, en una novela erótica norteamericana publicada recientemente,[1] una joven le coloca un singular ingenio al hombre de quien está enamorada:

> Cuando se recobró un poco, Maggy se levantó y llevó a Clay hacia una especie de islote de lavabos y de secadores. Allí, cogió un aparejo de cuero y se lo mostró.
>
> –Éste es tu cinturón de castidad, querido. Tengo la impresión de que no eres digno de él, pero voy a darte una oportunidad sólo porque eres muy joven.

1. Ariel Volke, *The Oriole's Nest*. (Edición en castellano: *El nido de la oropéndola*, Alcor, 1988.)

Escudo de armas de Melchior Schedel: la mujer sostiene en su mano la llave del cinturón, dispuesta a ofrecerla al caballero. Siglo XVI.

El «cinturón» era en realidad una bolsa de tiras de cuero trenzadas de forma muy ligera, y bordada de perlas. La abertura estaba rodeada por una anilla de oro, y varias correas salían de la parte posterior. Maggy introdujo el blando pene de Clay por la anilla, y tiró de las correas. Su sexo adoptó forzosamente una posición erecta, pero, al mismo tiempo, estaba tan pegado al cuerpo que no podía penetrar a una mujer ni ser masturbado.

Maggy parecía muy contenta de su barroco invento. Las tres mujeres que leían levantaron la vista.

–Creo que ahora te dejaré marchar. Pero recuerda esto: vas a necesitar mucha paciencia para alcanzar el objetivo que persigues aquí. Sobre todo –añadió, riendo en tono sarcástico– ahora que estás encerrado con llave.

[...]

–Y sobre todo no vayas a creerte que te permitirá hacerle el amor. ¡Ya puedes sacarte esa idea de la cabeza!

Tras esta alentadora declaración, Maggy desapareció.

Uno de los intentos de Clay por seducir a Stella, otra muchacha a quien ama de forma obsesiva, se ve momentáneamente frustrado a causa del «cinturón»:

El cuerpo de Stella resplandecía como una perla incandescente que ningún color turbaba, salvo la ligera nubecilla ciruela de su boca y de sus pezones, y también del vello del pubis, que se extendía sobre un triángulo ancho y tupido.

Clay giró sobre sus talones hasta quedar frente a ella.

Stella le miraba con sus grandes ojos luminosos, pero algo en su expresión le dejó petrificado. La mirada de ella se dirigía hacia el miembro aprisionado [...]. Mientras lo observaba detalladamente, pareció, durante un breve instante, a punto de desmayarse.

[...]

Rozó con sus largos dedos la punta del pene aprisionado, tocándolo apenas. Sus manos, en forma de cuenco como si fueran una concha redonda, cogieron los testículos de Clay antes de volver al glande enrojecido.

En la novela, tras sufrir más humillaciones y actos violentos por parte de Maggy, Clay acaba por liberarse y volver, más enamorado que nunca, junto a la bella Stella.

TANTO PARA EL HOMBRE COMO
PARA LA MUJER, EL CINTURÓN DE CASTIDAD
ES UN CINTURÓN DE VOLUPTUOSIDAD

«De todas las aberraciones sexuales, la castidad es sin duda la más singular», declara Remy de Gourmont en su obra *Física del amor.*[1] Y, en las igualmente célebres *Lettres à l'Amazone,*[2] dicho autor insiste en el tema: «En amor, la castidad no tiene ningún sentido; no es más que mala literatura, pésimo gusto y, por encima de todo, un absurdo. No se vive en pareja para permanecer castos».

Sin embargo, el cinturón de castidad es exactamente lo contrario. «Ceñir» significa circundar, abrazar, estrechar algo o a alguien.

Los muslos, glúteos y órganos sexuales que un fino cordón o tira de cuero, metal o cualquier otro material rodean con cautela, experimentan casi por instinto una sensación de placer sexualmente estimulante.

La fascinación de lo prohibido, lo insólito y lo anormal constituye uno de los principales componentes del erotismo, que se nutre bastante más de fantasía e imaginación

1. Remy de Gourmont, *Physique de l'amour*, París, 1903. (Edición en castellano: *Física del amor*, Edaf, 1974.)

2. Remy de Gourmont, *Lettres à l'Amazone*, París, 1914.

que de realidad. Y esto es aplicable tanto al hombre que ciñe con un cinturón a su esposa, como a la mujer que acepta llevarlo.

En resumen, es un juego entre iguales que puede convertirse en unilateral y, en consecuencia, nocivo, sólo en aquellos casos –mucho más raros de lo que se ha creído hasta ahora, como quedará demostrado– en los que los celos del hombre encuentran en la mujer a una víctima desarmada y desprevenida, en lugar de a una cómplice eróticamente disponible.

Y, a propósito de celos, ¿cuántos ignoran u olvidan que incluso dicho sentimiento es, o puede ser, uno de los estímulos más refinados de Eros?

Puesto que se sienten celos de aquello que se corre el peligro de perder, en el momento en que se es consciente de la posibilidad de que tal cosa suceda se hace cualquier cosa por evitarlo, bien sea por parte del hombre o de la mujer; así, el cinturón de castidad representa un instrumento que sirve para frenar los celos de ambos, y no tan sólo del macho.

De hecho, la mujer celosa, ante el temor de que su pareja la traicione, puede pedir o aceptar que éste la ponga preventivamente en situación de no traicionarlo a su vez, suscitando al mismo tiempo en él la aprensión de que ello pueda suceder de un momento a otro.

En cierto sentido, es el *do ut des* de la fidelidad amatoria, aunque expone a la mujer a un riesgo aparentemente grave: el de sufrir la represión de un hombre, el cual se mantiene –o cree mantenerse– a resguardo de una eventual infidelidad por parte de ella, obteniendo al mismo tiempo la posibilidad de poder traicionarla sin peligro de una contrapartida.

La realidad, salvo las excepciones que veremos más adelante, es bastante distinta, tanto desde el punto de vista psicológico como material.

De hecho, psicológicamente los celos de una y otro son equivalentes, operan en el mismo plano de un comportamiento recíproco que no admite, en cuanto tal, ni víctimas ni cómplices.

Con el cinturón de castidad, la mujer ofrece al hombre el someterse a una prueba de fidelidad, transfiriéndole la responsabilidad de corresponderla en la misma medida, como si virtualmente él también hubiese ejecutado la misma operación.

El cinturón de castidad supone colocar un objeto y mantener una promesa.

Entre dos personas que se aman hasta el punto de temer perderse para siempre, un compromiso equivale al otro.

Quienes se encuentran en este caso consideran el cinturón de castidad, no como instrumento de tortura y represión, sino como símbolo de recíproca fidelidad. En el hecho de conservar este símbolo, y en el de hacerlo mientras se quiera y se pueda, nacen y se desarrollan para mucha más gente aquellos juegos eróticos que figuran en la base –en mayor medida de lo que se cree– de la difusión del singular ingenio a través de los siglos.

Entre ellos, por ejemplo, el placer inefable de quitar y poner de nuevo el cinturón, acariciando, besando y lamiendo con minuciosidad los lugares íntimos que van quedando poco a poco al descubierto, alcanzando de forma

Reproducción oleográfica de una ilustración de estilo medieval. Finales del siglo XIX.

gradual un orgasmo en el que aparece un componente mórbido de masoquismo, que no puede desagradar en absoluto ni al hombre ni a la mujer.

Por lo general, a la mujer –puesto que es sobre todo de ella de quien se habla, dado que, como ya hemos visto, los cinturones de castidad para hombres son bastante raros en la historia de este uso–, la imposición o la aceptación del aparato le proporciona bastante más placer que sufrimiento.

Sobre todo, como dice Maria Marcus en un libro editado hace unos años en Dinamarca y traducido recientemente al italiano,[1] a aquellas criaturas femeninas que se sienten inclinadas hacia el masoquismo, aunque sea de forma encubierta o inconsciente:

> Es evidente que la delicia y el dolor tienen puntos de contacto: una caricia puede convertirse en una tortura, y un suplicio puede proporcionar placer.

A este respecto, Maria Marcus ofrece un ejemplo que puede adaptarse bastante bien a la utilización del cinturón de castidad:

> Si mi amante me ata, mi deseo puede ser simplemente el de ser desatada.
>
> No obstante, él puede reforzar la excitación sexual poniendo de relieve todas las cosas que habría podido hacer si no hubiera estado atada; de este modo, sir-

1. Maria Marcus, *Masochismo: una malattia particolare*, Savelli, Roma, 1979.

viéndose de representaciones fantásticas, logra hacerme pensar que no hay nada de malo en estar atada, sino todo lo contrario.

Si más tarde siento hambre y continúo atada, él puede estimular mi hambre comiendo delante de mí, hasta que ese apetito se transforma en apetito sexual.

El deseo se convierte en un deseo sexual porque me resulta imposible satisfacerlo, ya que estoy atada y, en consecuencia, me veo privada de la más mínima posibilidad de actuar.

Por otra parte, como señala también Maria Marcus, la protagonista de la famosa novela de Pauline Réage, *Historia de O*, es una prueba más de que «algunas personas han nacido para vivir en condiciones de desigualdad y de no libertad, y tan sólo son felices perdiendo la libertad y la igualdad para dedicarse a la sumisión y la esclavitud».

Me hace sufrir, luego me ama; sufro, luego existo, parece decir O refiriéndose a Stephan, que ha colgado en las paredes de su dormitorio fustas y cinturones, para recordarle en todo momento que ella es su esclava.

El más refinado deleite del poder no es más que una miserable evasión, en comparación con el deleite bastante superior de ser esclava de un hombre al que se ama.

Tales son las palabras de Lady Milford en *Intrigas y amor*, de Schiller, que todavía hoy continúan reflejando los sentimientos de muchas mujeres, aunque ellas no lo admitan salvo en raras excepciones. Una opinión bastante sugerente de hasta qué punto a las mujeres les proporciona en no pocas ocasiones placer –ya sea de forma manifiesta o inconsciente–, estar sometidas al hombre con quien mantienen relaciones, es, a mi entender, la expresada por C. F. de Schlichtegroll en un ensayo sobre la mujer de Sacher-Masoch,[1] autora de un libro de memorias en el que se declara víctima y mártir del célebre escritor, de cuyo nombre se deriva, como resulta obvio, el término «masoquismo».

> Critico más acerbamente a Wanda que a su marido –dice–, por la manera en que se revolcó en el fango.
>
> No era demasiado tarde, ni siquiera entonces, para negarse a participar en aquellos juegos. Habría podido hacerlo perfectamente mucho antes [...]
>
> Si para ella no se hubiera tratado más que de un sacrificio –encaminado a lograr la curación de su marido–, lo habría hecho tan sólo para conseguir que ningún reproche le impidiera librarse del recuerdo de todo cuanto había sucedido.
>
> Pero la situación era muy diferente.
>
> Desde el momento en que Wanda probó el fruto prohibido, reaccionó igual que el esclavo del rey Rajaruk, el cual, aunque estuviera degustando un veneno, gritaba alegremente: «¡Es delicioso!». Del mismo modo, ella se abandonó en brazos de sus dos amantes a la voluptuosidad carnal, y se volvió insaciable.

1. C. F. de Schlichtegroll, *Wanda sans masque et sans fourrure*, Tchou, París, 1968.

Que el componente masoquista es bastante frecuente en el comportamiento afectivo, e incluso social, de la mujer, lo demuestra una enorme cantidad de textos poéticos y literarios. Por ejemplo, *Las flores del mal*, de Baudelaire:

Y otras, cuyas gargantas ciñen escapularios,
que un látigo ocultando bajo sus vestiduras,
mezclan en los nocturnos minutos solitarios,
del placer a la espuma, lágrimas de torturas.[1]

O *La mujer y el pelele*, de Pierre Louÿs, donde Conchita, cuando Mateo le pega, exclama:

–¡Qué bien me has azotado, amor mío! ¡Qué placer tan dulce y tan hermoso! Perdóname por lo que te he hecho... Yo no sabía... ¿Has sufrido por mi culpa?... ¡Perdóname! ¡Perdóname, Mateo!

Muchos también consideran el cinturón de castidad como un instrumento de tortura similar a los vergajos y las fustas, es decir, de una tortura que linda con el placer y que a menudo se identifica con éste.

En centenares de novelas y ensayos sobre la flagelación, con frecuencia las víctimas se transforman en heroínas.

Quien es azotada, humillada, golpeada hasta hacerla sangrar, primero se lamenta, y luego acaba por experi-

1. Charles Baudelaire, *Les fleurs du mal*. (Edición en castellano: *Las flores del mal*, Ed. Losada, 1948, 6.ª ed., 1972.)

mentar un goce sensual intenso e irrefrenable. Aquello que Lautréamont, en sus célebres *Cantos de Maldoror*, define como «las delicias de la crueldad», lo encontramos descrito sin pretensiones literarias –y precisamente por eso dotado de más vida y fuerza– en infinidad de libros con trasfondo sadomasoquista.

En *Paulette trahie*, de Jacques d'Icy,[1] una chiquilla le confiesa a su amiga:

> Cuando mi prima empezó a azotarme, experimenté el prodigioso y amargo placer de que por fin me golpearan con violencia, y sentí la felicidad de saber que también lo experimentaban, en sus nalgas desnudas, las muchachas de mi edad.

En *Les confidences de Chérubin*, de G. Donville,[2] el protagonista es un joven amante de la flagelación activa, que se limita a constatar las gozosas reacciones de su víctima frente a una improvisada azotaina:

> La tendí en el diván hecha un mar de lágrimas, las cuales, sin embargo, desaparecieron al instante como por encanto.
>
> Ante mis singulares avances, se estremeció.
>
> Luego dejó escapar suspiros de sorpresa..., de confusión..., de vergüenza..., y, finalmente..., de placer,

1. Jacques d'Icy, *Paulette trahie*, Col. Orties Blanches, sin fecha.
2. G. Donville, *Les confidences de Chérubin*, Col. Orties Blanches, sin fecha.

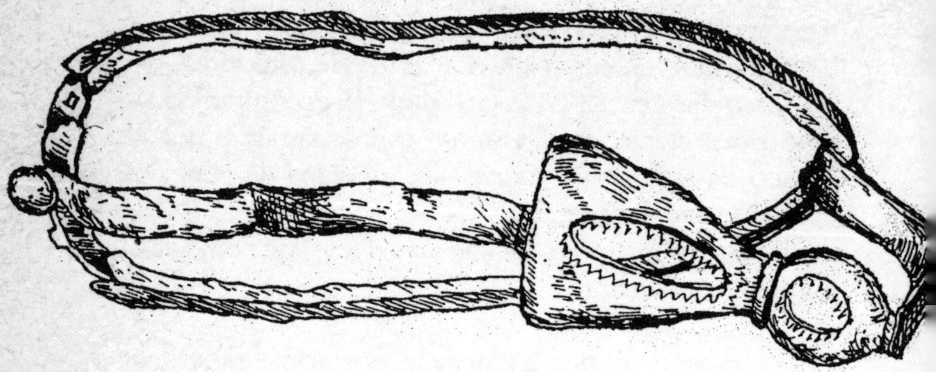

Cinturón de cuero fabricado en París. 1883.

mientras yo azotaba por doquier su piel de seda, un tanto enrojecida por los golpes.

A continuación, comenzó de nuevo a gemir, ¡en esta ocasión de éxtasis y voluptuosidad!

Y, por último –aunque los ejemplos podrían prolongarse hasta el infinito–, he aquí a una joven casada con un maníaco de la violencia, del cual, tras un primer momento de sufrimiento, acaba por gozar de forma habitual:

Tras la segunda azotaina, le pellizcó las caderas, y luego los muslos y las pantorrillas.

Para hacerlo, se había sentado en la cama, pues estaba destrozado a causa de la anterior flagelación, y la había tendido atravesada sobre sus propias piernas.

Monique se retorcía endiabladamente bajo los efectos de los pellizcos, y se removía flexible como una serpiente.

Cuando su marido no pudo más, entre jadeos le susurró al oído:

–Para variar, mañana te morderé.

Un estremecimiento recorrió todo el cuerpo de la joven, que en el fondo no deseaba otra cosa.

Pero incluso sin llegar a los casos de esclavitud aceptada, y en ocasiones implorada, como fuente de placer, y permaneciendo en el ámbito de la imposición o el padecimiento de los cinturones, es un hecho bastante evidente que la libertad sólo se aprecia cuando se carece de ella.

Por la misma razón, la mujer piensa bastante menos en

los hombres cuando los tiene a su disposición, mientras que sueña continuamente con ellos cuando se ve privada de su presencia. La constricción exacerba furiosamente el deseo, y, en la refinada espera de satisfacerlo, tanto la mujer como su pareja saborean un erótico e inefable goce.

Todavía hoy, algunas criaturas del sexo femenino llevan cinturones de castidad.

Un singular coleccionista de estos heterogéneos objetos, confiándose a un ingenioso escritor de principios de siglo,[1] afirmaba:

> –¡Y me apresuro a añadir que estos cinturones se han llevado por puro placer! Permiten a la «prisionera» salir de su cárcel cuando lo desea, y, excepto en algún ridículo caso, no he conocido casi ningún cinturón que haya sido impuesto o padecido.

Mientras decía esto, colocaba con delicadeza su numerosa y preciada colección de cinturones de castidad de todo tipo y época, experimentando un vivo placer en manejarlos.

Sin duda los coleccionaba con la única finalidad de obtener de ellos una satisfacción sensual.

Sus ojos presentaban un brillo extraño, sus labios estaban húmedos, su pecho jadeaba y sus dedos temblaban. Cada objeto evocaba en su mente una imagen lasciva, escenas lúbricas....

1. R. Schwaeblé, *Les frissonières de Paris*, Bibliothèque du Fin du Siècle, sin fecha (hacia 1905).

LOS CINTURONES DE CASTIDAD MÁS CÉLEBRES Y BELLOS

Son varios los museos y galerías donde se exponen cinturones de castidad de todo tipo y época, incluidos los «inventados» a partir de inexistentes modelos medievales y que –como se ha dicho en relación con el Museo de Cluny– se han revelado completamente falsos.

Ya sean falsos o auténticos –en cualquier caso, construidos desde principios del siglo XV hasta nuestros días–, en Francia pueden admirarse en las ciudades de Sens, Montban, Rennes, Tour y Poitiers; en Bélgica, en el Musée des Armatures et Antiquité; en Holanda, en el Nederlands Museum de Amsterdam; en Gran Bretaña, en el Toussaint y en el British Museum; y en Alemania, en el National Museum de Munich.

Sin contar los abundantes ejemplares y grabados que se encuentran en el Museo del Prado de Madrid, en Erbach, en Nuremberg, en Wurzburgo, en Linz, en el Albertina de Viena, por citar sólo algunos.[1]

En Italia se pueden hallar numerosos cinturones, además

1. F. di Bella, *Storia della tortura*, Sugarco, 1963.

Cinturón decorado. Museo Británico, Londres.

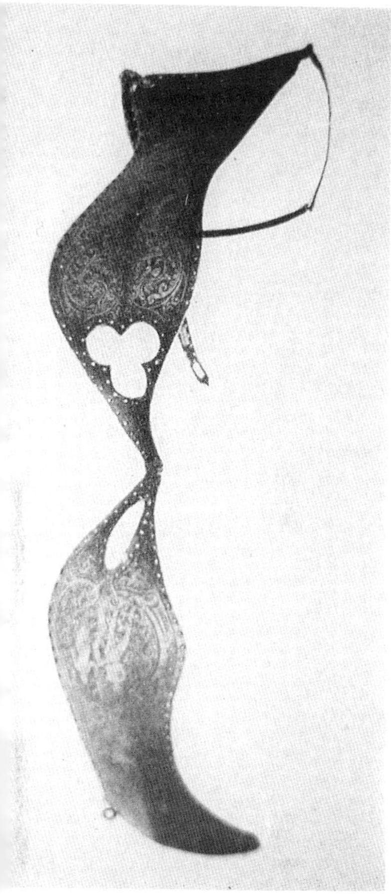

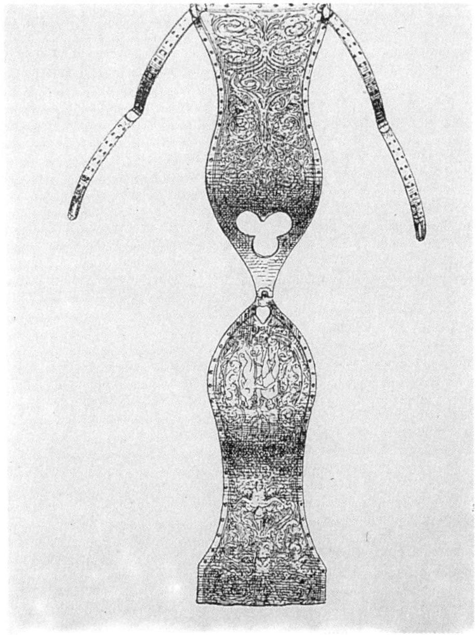

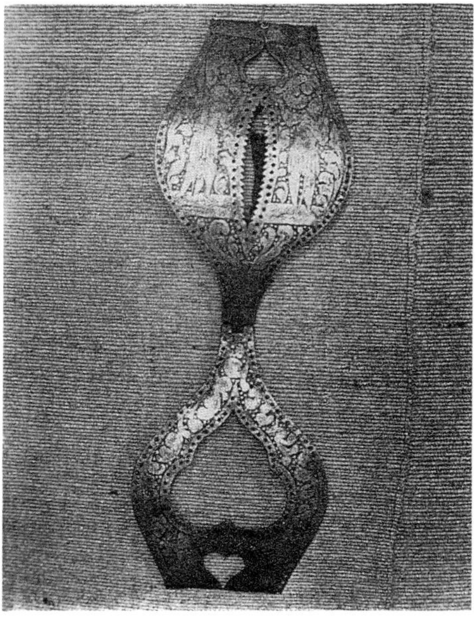

Cinturones decorados. Antes en el Museo de Cluny, París.

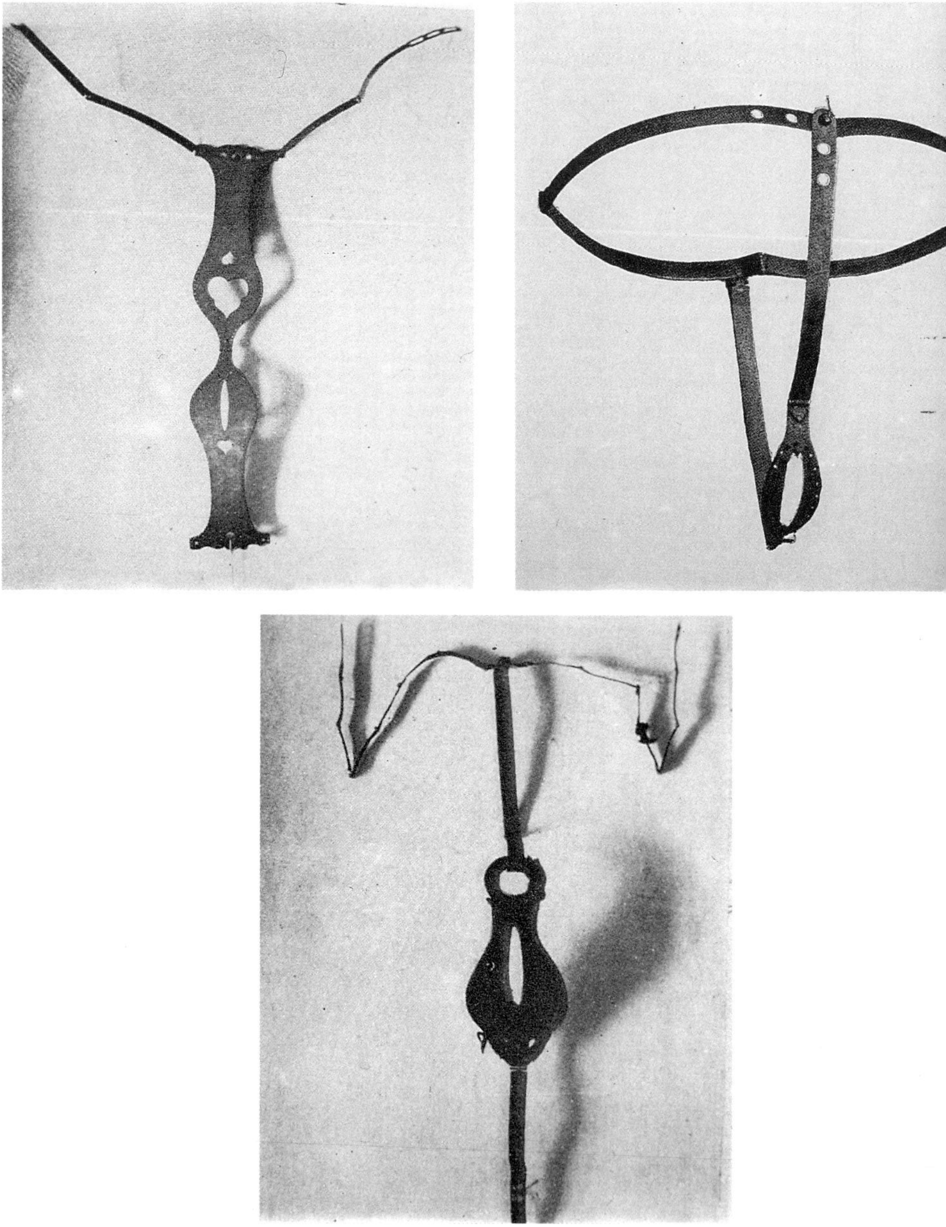

Cinturones de castidad. Museo de Cluny, París.

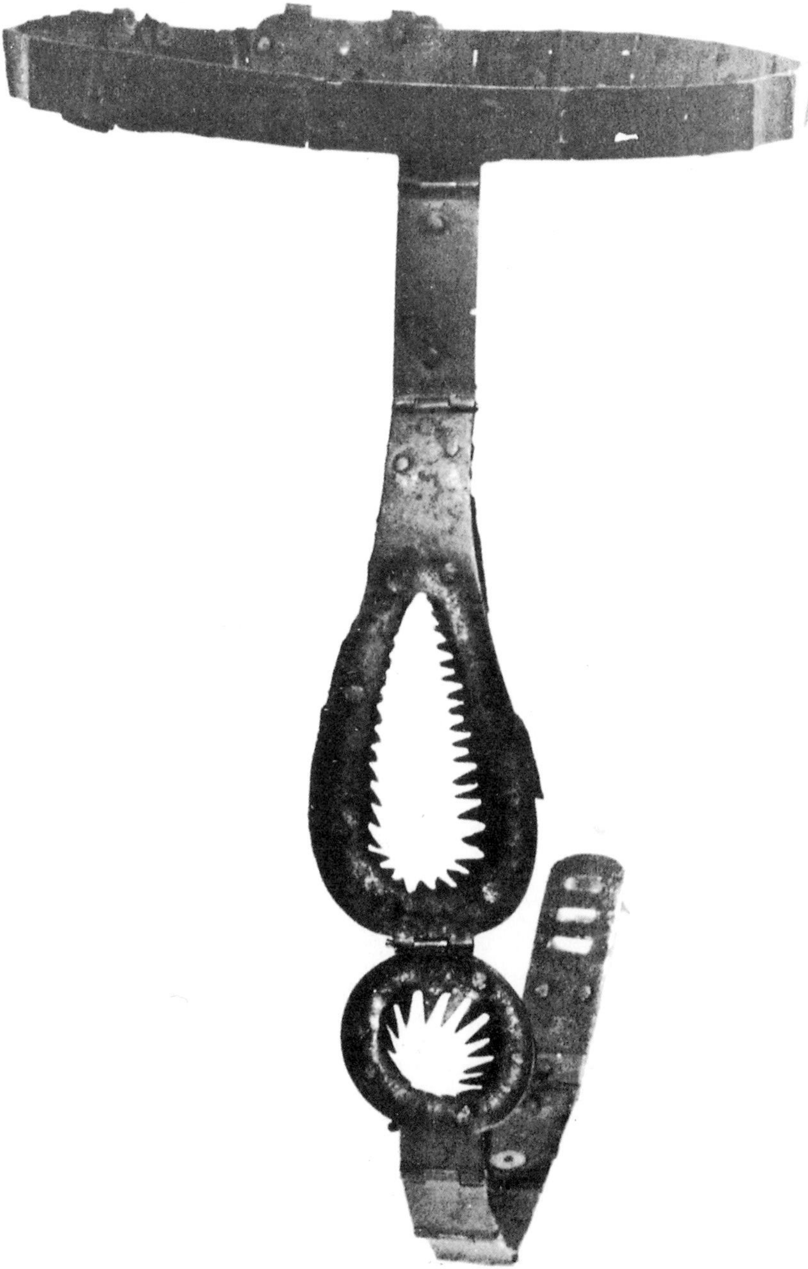

Cinturón de castidad de Francesco Carrara. Conservado en el Palacio Ducal de Venecia.

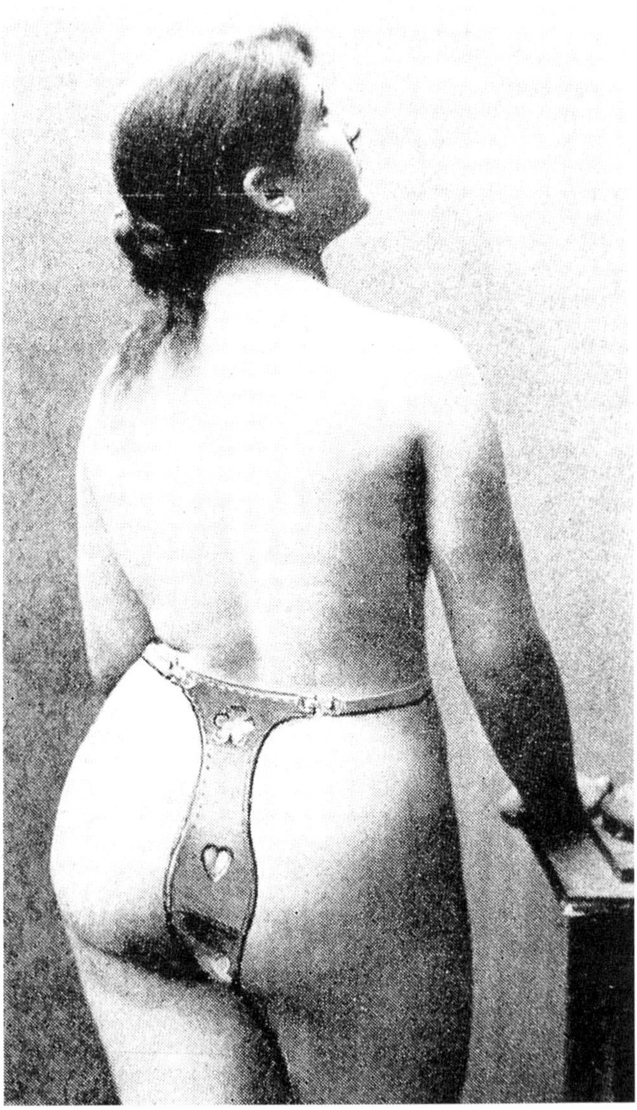

Cinturón de castidad en foto de desnudo. 1910, colección del profesor S. Krauss.

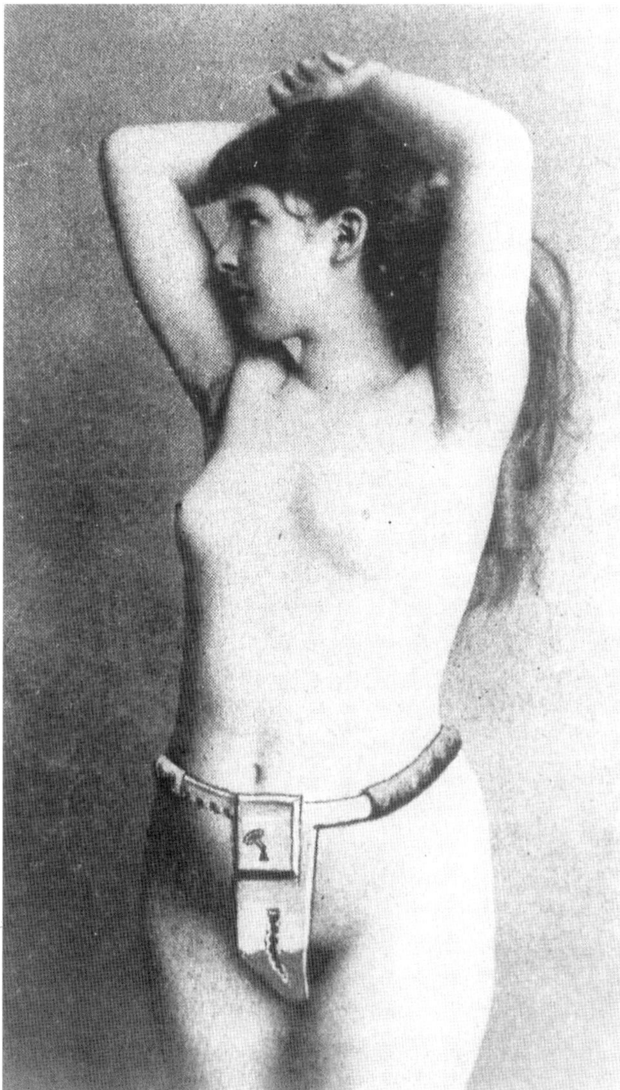

Cinturón de castidad en foto de desnudo. 1910, colección del profesor S. Krauss.

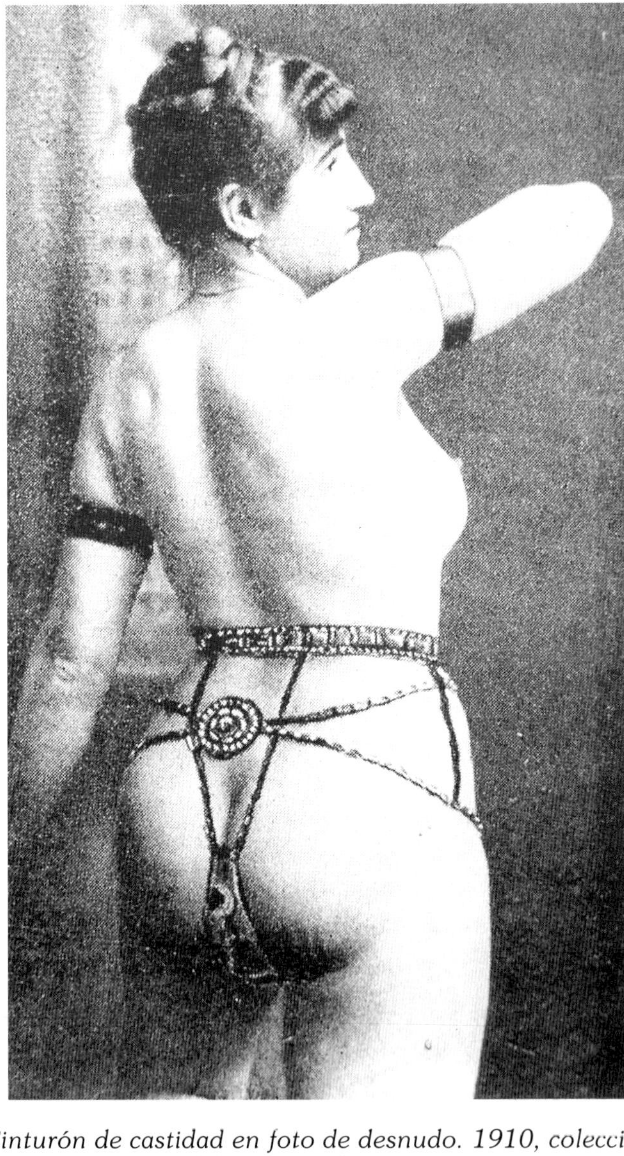

Cinturón de castidad en foto de desnudo. 1910, colección del profesor S. Krauss.

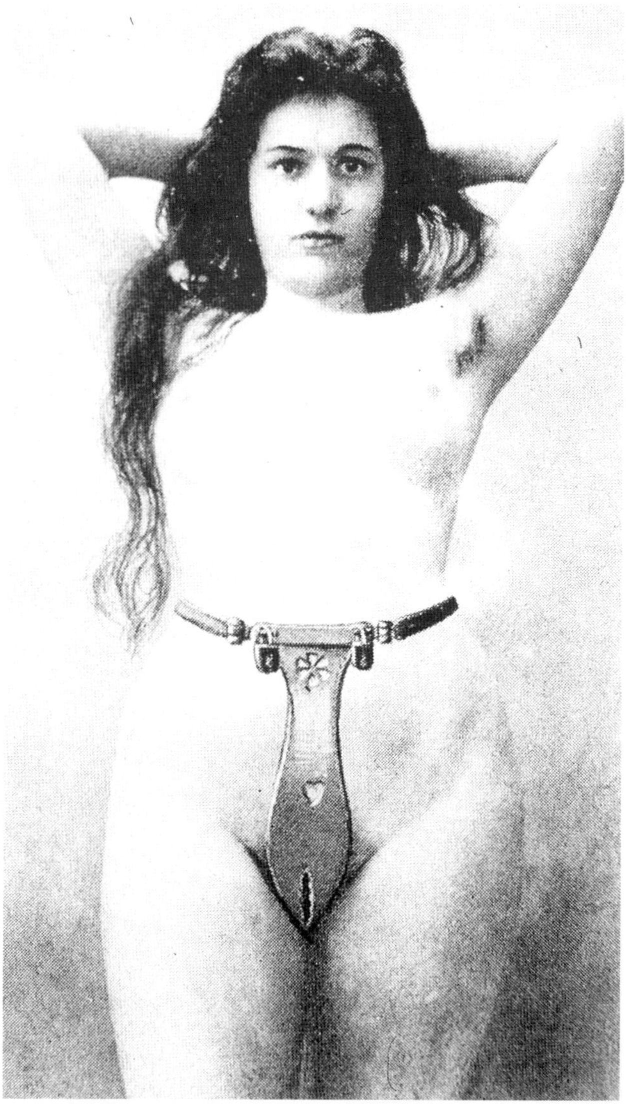

Cinturón de castidad en foto de desnudo. 1910, colección del profesor S. Krauss.

Foto de aficionado.

Foto de aficionado.

El fantasma y la muchacha. *Foto de aficionado.*

Ilustración para la portada de una obra sobre el cinturón de castidad, firmada con el seudónimo «Casanova».

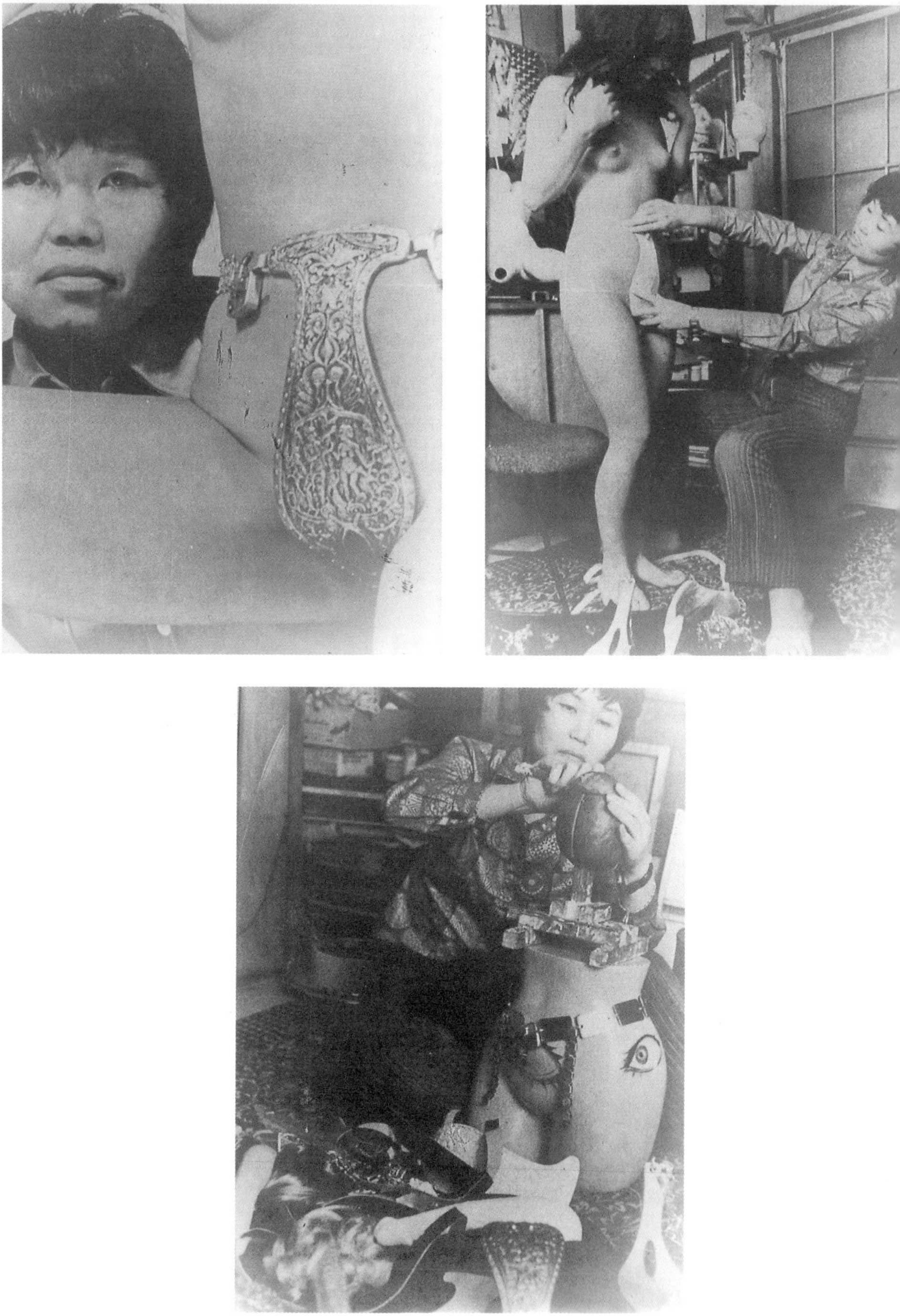

Escultora japonesa en su taller.

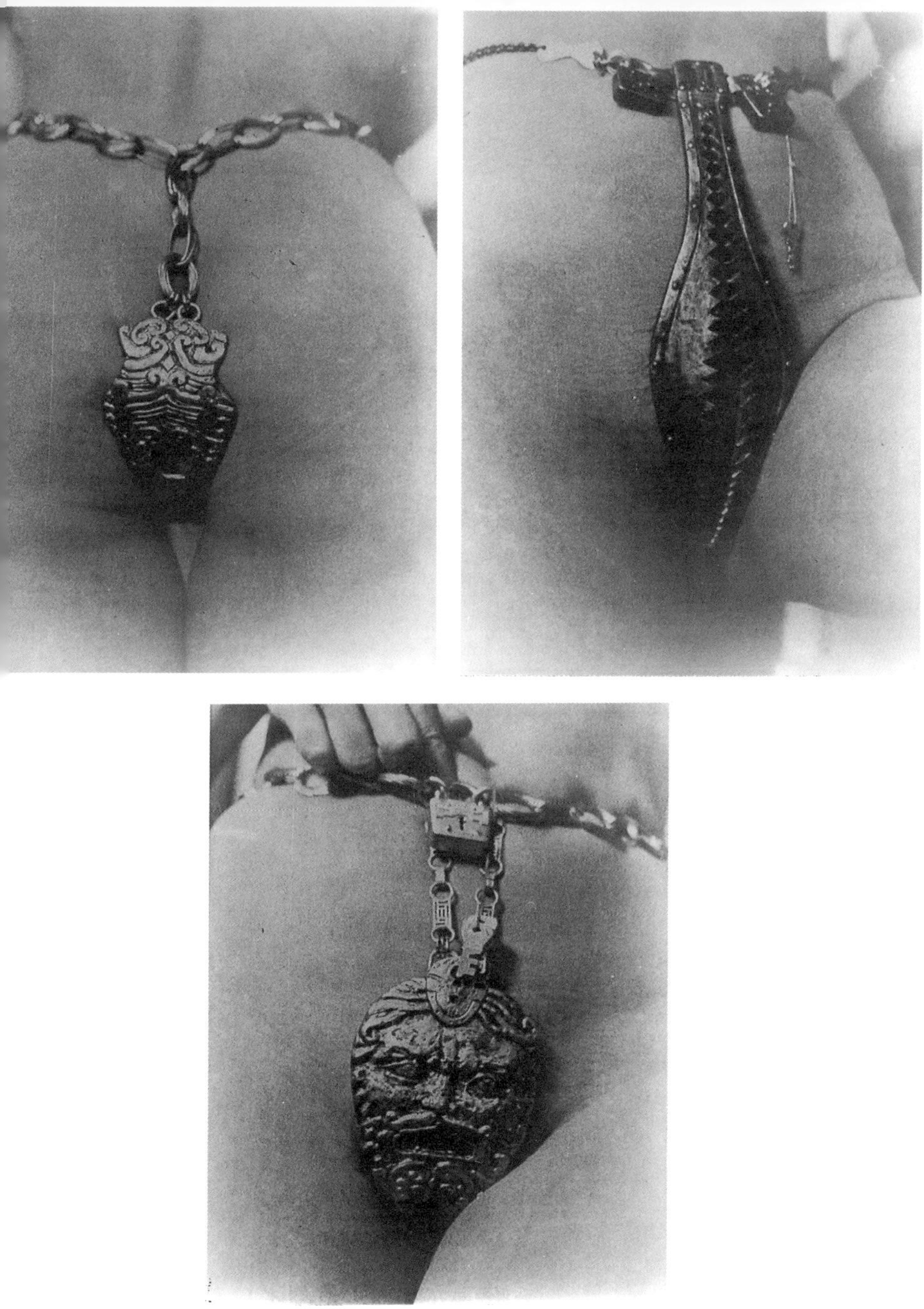

Cinturones de castidad realizados por una escultora japonesa.

Acuarela de B. Agnot.

Angelo Camerino, escultor y fabricante de cinturones con una sola abertura anterior y, por consiguiente, para uso evidentemente lúdico.

Muñeca provista de cinturón de castidad, obra de Marijcke van der Maden.

de en el Palacio Ducal de Venecia, al que nos referiremos en breve, en el Museo Filangieri de Nápoles, en los museos municipales de Bolonia y Cortona, en la Armería Real de Turín, en el Museo Leone de Vercelli, en el Bargello y el Stibbert de Florencia, en el Poldi Pezzoli de Milán y en el Museo Criminale de Roma, donde se conserva un cinturón de castidad con el agujero posterior en forma de corazón.

Muchos historiadores atribuyen a Francesco II Carrara, tirano de Padua, el primer cinturón de castidad.

Según una leyenda, Francesco habría sido ahorcado por sus feroces crueldades, entre las que destacaba la aplicación de cinturones de castidad a todas las mujeres de su harén, y que se habría conservado un cofre lleno de cinturones y candados, presentados como cuerpo del delito en el proceso entablado para demostrar el hecho.[1]

La realidad es bastante distinta.

El tirano, efectivamente, murió ahorcado en una prisión de Venecia, pero porque se había apoderado de algunas ciudades lombardas a la muerte de Gian Galeazzo Visconti.

Tras haberle arrebatado Verona, los venecianos lo sitiaron en Padua. Al final, fue condenado a muerte por el Consejo de los Diez junto a sus dos hijos, bajo el cargo de enemigo político de la Serenissima.[2] Los hechos sucedieron a principios del siglo XV.

1. A. Bonneau, *Curiosa*, París, 1887.
2. La República de Venecia. *(N. de la T.)*

Todavía hoy, en la Sala de Armas de este palacio se conserva «*la braga de fero della mujer del Signor de Padoa*», un rudimentario cinturón de castidad articulado en veinte piezas que, unidas entre sí, constituían el aro, de donde partía en sentido perpendicular una lámina frontal, la cual pasaba entre los muslos y servía para mantener bien prietas la vulva y la región anal.

Dicha lámina de hierro iba forrada de tosco cuero, estaba provista de un sólido candado que la sujetaba a un extremo del aro, y en ella se habían practicado dos orificios, circundados por treinta y seis dientes el anterior y quince el posterior, todos ellos afilados y punzantes, los cuales, aun permitiendo satisfacer las necesidades naturales, habrían comprometido en cambio, de forma irremediable, la integridad de cualquier miembro viril, o incluso de un simple dedo que hubiese intentado introducirse.

A pesar del peligro del cinturón y de la crueldad atribuida a su propietario, es posible que el comportamiento de Francesco Carrara con relación a su mujer no fuese el de un torturador y un tirano.

Respecto a la eficacia de este cinturón, Charles de Brosses, primer Presidente del Parlamento de Burgundia, que visitó el museo en 1740, expresó una maliciosa duda en sus *Cartas familiares*:

> Desde luego, aquella mujer debía de tener un sentido del honor por demás estricto, ya que la cerradura del ingenio era endiabladamente ancha.

La primera reproducción gráfica del cinturón de castidad –o una de las primeras–, llamada «Bellifortis», figura en un manuscrito antiguo recopilado a principios del siglo XV y que actualmente se conserva en la biblioteca de la Universidad de Gotinga. En él, Konrad Kyefer, un ingeniero militar alemán, lo ilustra como «un cinturón de hierro cerrado por delante con un candado vertical, bajo el que se ha aplicado una ancha banda de plomo sujeta por dos bisagras, y en la cual se han practicado agujeros para el paso de la orina», y la describe como «*florenti marium hoc bracile dominarium ferrum et durum ad antea sic reseratum*», es decir, como una especie de bragas de sólido hierro estilo florentino.

El hecho de que el ingenio estuviera «*ad antea reseratum*», lo que significa privado de agujero en la parte posterior, evidencia que el cinturón debía ser retirado todos los días para permitir la salida de las heces, y que, en consecuencia, su «permisividad» era bastante amplia. En realidad, tan amplia como para figurar entre los utensilios creados más para desarrollar juegos eróticos de diversa naturaleza, que para constreñir a la mujer a las sevicias del marido.

En cuanto a su procedencia «florentina», pese a que ningún texto italiano haya hecho jamás ninguna alusión, todos o casi todos coinciden en considerar el cinturón como un invento italiano, y en concreto florentino. De hecho, Diderot lo llama, no se sabe con qué significado, «cinto florentino», y, como veremos, tanto Voltaire en su poema *Cadenas*, como Alexis Piron en *La Bougie de Noël* se refieren a los artesanos de Florencia y Pisa como artífices sumos del singular aparato.

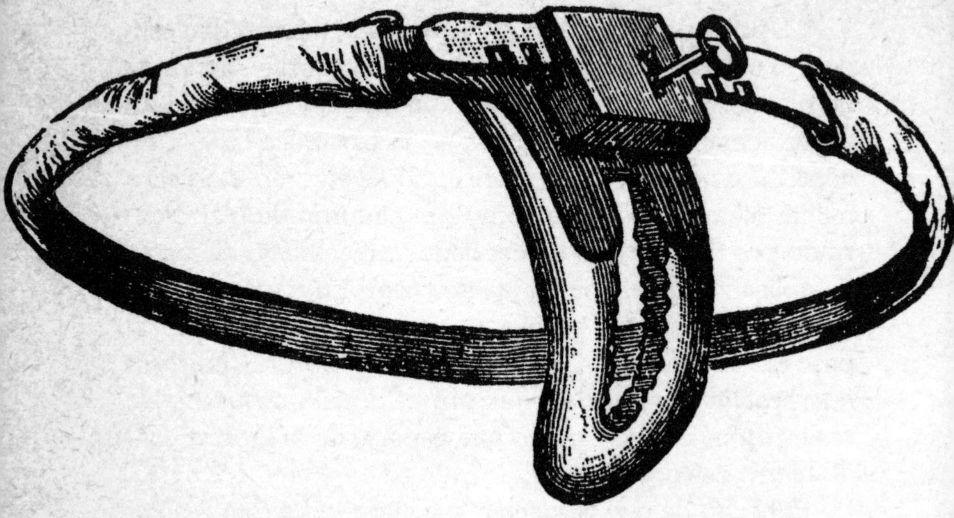

Cinturón de castidad. Siglo XVI, antes en el Museo de Cluny, París.

Por su parte, Rabelais, en el famoso *Pantagruel*, da a entender que el uso del cinturón de castidad estaba en auge en sus tiempos en Lombardía y, sobre todo, en Bérgamo, poniendo en boca de su héroe las siguientes palabras:

> –¡Que aquel que no tiene blanco en los ojos, es decir, el Diablo, se me lleve, si no encierro a mi mujer al estilo bergamasco cuando parta de mi harén!

En realidad, nada hace suponer que «el guardián del honor» fuera bautizado en Italia; sin embargo, puesto que los orfebres florentinos, e italianos en general, gozaban de reconocida fama por su fantasía y precisión (no en vano Benvenuto Cellini era florentino), es probable que sea cierto.

En otro grabado, fechado en 1540 y que se conserva en la galería Albertina de Viena, aparece representada una exuberante muchacha, vestida tan sólo con un cinturón de castidad, entre dos gentilhombres ataviados con fasto, uno de ellos anciano y el otro más joven.

Sobre la cabeza del primero, una inscripción al estilo de los «bocadillos» que posteriormente utilizarían los dibujantes de cómics, reza así:

> Dinero y bienes te daré, si te sometes a mi voluntad. Mete la mano en mi alforja, y también te haré dueña de la cerradura.

Ella, tomando de la bolsa del marido un puñado de monedas y entregándoselas al amante, responde:

> Ningún candado es capaz de vencer la astucia de las mujeres, que no pueden permanecer fieles cuando falta el amor; deseo, pues, comprar la llave con tu propio dinero.

El joven, que detenta la llave, declara a su vez:

> En cornudos se convertirán aquellos que crean comprar con dinero amor y fidelidad.

El grabado recuerda el escudo de armas de la misma época de Melchior Schedel, donde a la izquierda aparece una mujer desnuda y con un cinturón, que lleva en la mano derecha una gran llave y en la izquierda una bolsa de monedas que parece ofrecer, en actitud seductora, a un guerrero que la observa con malicioso interés.

El cinturón de castidad quizá más célebre se podía admirar hasta hace unos años en el Museo de Cluny, pero fue retirado por la dirección del propio museo, como se ha dicho anteriormente, tras haber descubierto y comprobado que se trataba de una falsificación realizada en el siglo XIX.

Sin embargo, es un cinturón que se continúa recordando y describiendo en cuanto constituye por sí solo una obra maestra de orfebrería.

Está compuesto por dos placas de hierro forjado, labrado en oro y damasco, que se unen en la parte superior con sendas bisagras coronadas por un cinturón articulado de hierro. En las placas, así como en el cinturón, se han practicado agujeros destinados a la sujeción del forro.

La placa anterior presenta una abertura inferior dentada y en forma oblonga; en la posterior, en cambio, la abertura es en forma de trébol. Ambas placas están adornadas con máscaras y arabescos, y delante aparecen las figuras de Adán y Eva, grabadas con artística minuciosidad.

Parece acertada la suposición, dicho sea entre paréntesis, de que se trata de una obra italiana, y de que fue el poeta y dramaturgo Próspero Mérimée quien la donó al museo parisiense.

Los ejemplos y las descripciones de los cinturones de castidad que se conservan en museos y colecciones de Europa podrían continuar hasta el infinito. Entre los italianos cabe mencionar el que se expone en el Museo Poldi Pezzoli de Milán, que Sommo[1] reconoce como particularmente interesante en cuanto que, además del cinturón propiamente dicho para ceñir el talle, posee un segundo aro metálico, unido al primero, que rodea la pelvis a la altura donde su diámetro es mayor, y está «ensamblado» a una pieza con una única abertura que cubre la entrepierna.

1. Lorenzo Sommo, *Armi antiche*, Turín, 1954.

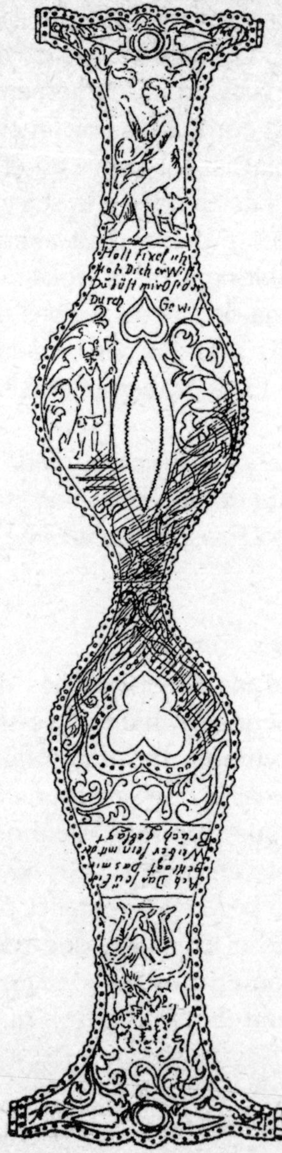

Cinturón decorado. Siglo XVII.

Según Lorenzo Sommo, este sistema debía de permitir que el aparato quedara sujeto con más firmeza al cuerpo de la persona que lo llevaba.

Por desgracia, uno de los cinturones más singulares, conservado durante muchos siglos en el Museo de Historia de las Ciencias de Florencia, desapareció en las aguas del Arno a consecuencia de las inundaciones de 1966. Por lo que refiere Sommo en un breve ensayo acerca del tema, dicha pieza llevaba impresas dos figuras, cada una de las cuales ocupaba la totalidad de la parte más ancha de sendas láminas de la entrepierna.

En la cara anterior aparecía representada una mujer desnuda con los brazos alzados, que llevaba a su vez un cinturón de castidad; estaba rodeada por un hombre desarmado y una mujer con aspecto matronal, que sostenía en las manos un segundo cinturón. Grabada en caracteres góticos figuraba la siguiente frase:

> Te he pillado in fraganti y serás castigada con este instrumento.

La cara posterior de la entrepierna, en cambio, llevaba la inscripción:

> ¡Dios, Dios, Dios! Así me vi cruelmente humillada con el cinturón.

Bastante más curiosas resultan las inscripciones y frases que aparecen en un cinturón de castidad que se conserva en el castillo de Erbach, en el Odenwald, y que está formado por un aro de hierro articulado en cuatro segmentos, al cual se unen dos placas adornadas alrededor de los orificios correspondientes a la abertura de la vulva y del esfínter anal.

La parte anterior de la placa muestra a una mujer desnuda, sentada a horcajadas sobre un zorro, y junto a ella puede leerse una frase de evidente simbología sexual:

> Estáte quieto, pequeño zorro, ya te he atrapado.
> Con frecuencia has estado entre mis muslos.

A la izquierda, junto a los afilados dientes que impiden la entrada a los órganos sexuales, hay un soldado que porta una larga alabarda a modo de emblemática protección de la fidelidad de quien tenga que llevar el cinturón.

En el dorso, en cambio, se distingue a una muchacha sentada en el regazo de un hombre que desaría por encima de todo poder alcanzar su objetivo entrambas partes, como dice a uno de los lados una inscripción:

> ¡Ay de mí! ¡Cómo lamento que las muchachas sufran el tormento de un cinturón que obtura los escondrijos amorosos!

¿Son éstos los instrumentos de tortura, los emblemas de un machismo exasperado y despiadado, que durante siglos habría convertido a la mujer en esclava y víctima de imperecederos verdugos, ya fueran maridos o amantes, impulsados tan sólo por unos celos ciegos o una innata manía persecutoria?

Evidentemente, no tendría justificación la ingente cantidad de dinero invertida en la construcción de los numerosos cinturones de castidad expuestos en los museos, galerías y colecciones particulares, si no fuera por el hecho de que su belleza debía satisfacer los ojos y los sentidos no sólo del marido y la mujer, sino sobre todo de los íntimos, a los cuales era motivo de orgullo mostrar el refinamiento de los ingenios, así como, en los casos de supremo libertinaje por parte de la pareja y los amigos más cercanos, hacer que participaran en la colocación del precioso artefacto, con el consentimiento de las jóvenes esposas.

En cuanto a las figuras e inscripciones que simbolizaban la fidelidad y el pudor, con mucha frecuencia estaban inspiradas por las esposas y las amantes, que se las sugerían a sus hombres –cuando éstos o sus conocidos carecían de la fantasía suficiente–, inclinándose por las más poéticas o las más maliciosas, según los casos y los temperamentos.

Según algunos cronistas a la caza de escándalos, reales o imaginarios, ni siquiera ciertos soberanos famosos escaparon a la atracción del cinturón de castidad.

Tal es el caso de Enrique IV, que vivió a mediados del siglo XVI. Casado con Margarita de Valois, a la cual su augusto consorte atribuía una docena de amantes, y después con María de Medici, dicho rey pasó a la historia como uno de los más ardientes coleccionistas de doncellas y mujeres casadas de toda clase y condición, cuyo número y belleza colmaron de orgullo al más consumado libertino.

Sin embargo, una de sus mayores pasiones fue sin duda Enriqueta d'Entragues, hija de Madame Touchet, que había sido la amante de Carlos IX. Verla y enamorarse fue todo uno. A su unión se opusieron los padres de la bellísima criatura, que comerciaron con la virtud de la hija, obteniendo una promesa de matrimonio firmada por el soberano de su puño y letra, y la suma de cien mil escudos.

Enrique, sopesando las monedas de oro exigidas, exclamó:

> –¡Por todos los diablos! ¡Esta noche ya está pagada con creces!

Pese a ello, las virtudes eróticas de la encantadora doncella fueron tales y tantas que el rey, aunque se negó a desposarla, la nombró marquesa de Verneuil y encargó a un famoso artesano un cinturón de castidad para ella.

El evento se evoca en un grabado de la época, que lleva por título: *El cornudo lleva la llave y su amante la cerradura*. A los pies de un vasto lecho coronado por un enorme baldaquino, aparece representada una mujer completamente desnuda, cuyas facciones recuerdan a las de Enriqueta, con las caderas ceñidas por un cinturón de castidad, sentada al borde del tálamo y en el acto de entregar una llave a un gentilhombre (viva imagen del rey), que permanece de pie junto a ella.

Al fondo, escondido tras las cortinas, se entrevé a un caballero que sostiene en la mano una bolsa llena de monedas y se la ofrece a una gobernanta, la cual le muestra el duplicado de la llave. A los pies de ambos –símbolo más que transparente– hay un gato que intenta atrapar a un ratón, y a la izquierda, junto al gentilhombre, un loco trata de llenar su cestillo de pulgas.

Bajo el grabado figura la siguiente inscripción:

> Dejad que aquel que es celoso observe cómo suceden las cosas.
>
> Os digo que nadie en la tierra está en condiciones de escapar a la astucia femenina.
>
> Un hombre tenía a una muchacha por la cual sentía una encendida pasión; y, puesto que era bastante celoso y quería que le fuese fiel, encargó que le hicieran un cinturón de hierro. Rodeó su cuerpo con el objeto y, luego, cerró éste con un seguro candado para que nadie pudiera abrirlo.
>
> Tomó consigo la llave y partió de viaje. Pero la mujer lo consideró de inmediato un asno, porque detrás de la cama permanecía oculta una vieja con otra llave que permitiría abrir la cerradura.
>
> Y el hombre quedó reducido a la condición de un loco que intentara meter pulgas en un cestillo.

En efecto, el hombre que desea ser celoso es como el hombre que pretende llenar un cestillo con pulgas: tan sólo ellos pueden creer en la efectividad de las trampas y el miedo.

Siempre que alguien intenta cerrar algo, enseguida aparecen voluntarios que saben lo que hay que hacer para abrirlo. Por consiguiente, la única salida que le queda es hacer oídos sordos, con lo cual acaba pareciendo un loco.

Dibujo de Fragonard. Museo del Louvre, París.

Ya se sabe, cuando no hay gato, los ratones pasean tranquilamente.

Sea como fuere, es más que probable que el cinturón de castidad impuesto por Enrique IV a la nueva marquesa de Verneuil sea pura leyenda.

Por otra parte, la larga locución que figura al pie del grabado posee un tono explícitamente moralizador, que casa mal con el contenido del mismo y que no parece dirigido tanto al soberano –que sin duda no tenía necesidad ni deseos de semejantes filípicas– como a todos los hombres presos de unos inútiles celos.

En cuanto al carácter fuerte y autoritario de Enrique, cabe decir que compararle con un vulgar necio víctima de los celos parece un tanto absurdo, dado el enorme poder que el soberano ejercía sobre sus súbditos, incluidas sus amantes.

Un caso bastante raro, en el que la imposición del cinturón provoca una excitación en el hombre que la ha decretado, tras constatar la fallida eficacia del instrumento a causa de la traición de un rival, fue el del duque de Módena a raíz de su matrimonio con Carlota Aglaé de Orleans, llamada Mademoiselle de Valois.

La graciosa Carlota, bien parecida y provista de una tez suave y aterciopelada, era la tercera hija de Felipe de Orleans, regente de Francia, del cual había heredado la inclinación por los placeres sexuales, al parecer hasta el punto de no despreciar ni siquiera los que le ofrecía su propio padre. Un *pamphlet* de la época decía:

La bella Valois hace con su padre lo que muchos siglos atrás hacía Edipo con su madre, con la diferencia de que, mientras que Edipo no sabía lo que hacía, el regente lo sabe perfectamente.

Perdidamente enamorada del duque de Richelieu, la princesa acabó por abandonar la alcoba de su padre. Éste, presa de celos, encerró en la Bastilla al duque –por otra parte, comprometido en la famosa conspiración de Cellamare– y, tras liberarlo más tarde, le ordenó mantenerse lejos de París, al tiempo que enviaba a su hija en exilio a Italia, donde acabó por unirse en matrimonio a Francisco María, duque de Módena.

El duque era hombre de cortas miras, egoísta y suspicaz por naturaleza, y Mademoiselle de Valois, en la correspondencia con su padre, a menudo se declaró la criatura más infortunada del mundo.

El hecho es que su marido, además de ser celosísimo, era semiimpotente, y Carlota, sexualmente insatisfecha, sentía todavía con mayor ímpetu el deseo de reunirse con su amado Richelieu, que por otra parte no se hizo esperar mucho tiempo.

Tras presentarse en Módena con el falso nombre de Gasparini, Richelieu logró llegar hasta la princesa y, con el pretexto de venderle un libro muy valioso, se introdujo en sus aposentos privados, haciéndole olvidar de inmediato entre sus viriles brazos la larga abstinencia de los placeres de la carne.

Las citas entre los dos amantes fueron tan numerosas como las pruebas de un apasionado amor recíproco, que a cada encuentro los hacía sentirse unidos y felices.

Un día, sin embargo, fueron sorprendidos en una actitud un tanto ambigua por el duque de Módena; y fue ésta la causa de que Francisco María obligara a su esposa –según refiere Buvat en su Diario de la Regencia– a «someterse a la ley que unos insoportables celos han decretado en Italia, incluso entre gente de rango plebeyo, y que impone a la mujer una especie de candado, cuya llave el marido es el único en poseer».

En el caso de Carlota, se trataba de un cinturón de terciopelo que le rodeaba las caderas y los muslos, al cual estaba unida perpendicularmente una placa de acero con las oportunas aberturas dentadas y que, pasando entre las piernas, comprimía firmemente la vulva.

Viendo amenazado su honor conyugal –ya que Carlota, de acuerdo con su suegro, había iniciado un proceso para declarar la impotencia de su esposo–, el duque de Módena abrió finalmente los ojos y, de cordero que era, se convirtió en... carnero, logrando que la princesa trajera al mundo numerosos hijos, y bendiciendo con toda su alma el invento del cinturón.

EL CINTURÓN DE CASTIDAD EN LA LITERATURA: SIGLOS XVI AL XVIII

OPUS VOLUPTATIS

Al realizar un recorrido por la literatura desde mediados del siglo XVI hasta nuestros días, encontramos algunos ejemplos que nos obligan a preguntarnos por qué, si el cinturón de castidad se utilizaba esencialmente con fines eróticos, ninguno de los escritores que han tratado el tema se ha referido nunca a este carácter predominante.

La respuesta está implícita.

Precisamente por ser naturales y obvias, las divagaciones amorosas sobre el uso del cinturón de castidad no interesan a la historia, que por otra parte encontraría dificultades en hacer públicos los íntimos solaces relativos a personajes de renombre, lógicamente celosos de su *privacy* –cosa que sucede en cualquier época y lugar– en todo aquello que pueda dar lugar a habladurías.

En cambio, a los cronistas, escritores, ensayistas e investigadores les interesa todo aquello susceptible de convertirse en motivo de sátira o de puro divertimento; en una palabra, aquello que en términos periodísticos se conoce como «noticiable».

Y así, vemos a Cornazzano, Marot, Réaux, Voltaire y

tantos otros ironizar acerca de la fidelidad conyugal y la picardía femenina, sobre la astucia de los amantes que suplen con llaves falsas las auténticas para divertirse burlando a hombres celosos, etc.

Habrá quien observe que en todas las anécdotas e historias expuestas en este breve capítulo, nadie satiriza acerca del uso del cinturón de castidad en la época de las Cruzadas, excepto Pitigrillo. La razón es que ha sido en nuestro siglo cuando se ha perpetuado hasta el infinito, como veremos más adelante, la errónea idea de la adopción del cinturón de castidad en la Edad Media. Eso significa que, en la época que nos ocupa, el mito del instrumento atribuido a los defensores del sepulcro de Cristo aún no había surgido, y que aquellos satíricos comentadores del alegre cinturón, más informados y lógicos que nosotros, se guardaban muy bien de falsear la historia.

El primer ejemplo de un relato italiano donde se afronta el tema en tono satírico lo encontramos en Messer Antonio Cornazzano, que vivió en el siglo XV. En uno de sus famosos *Proverbi*, Cornazzano narra la historia de un mercader extranjero que, antes de embarcarse para realizar un largo viaje, encargó confeccionar para su amada e intensamente deseada esposa «un par de calzas como las inventadas por Semíramis a causa de los celos de su hijo; y, dejándole tan sólo los pertinentes orificios para las oportunas necesidades, se lo ciñó y guardó la llave, con la intención de llevarla consigo a Levante». Sin embargo, ante las protestas de la mujer que, turbada, observó: «¿Qué haré si alumbro antes de vuestro regreso, pues me siento llena?», el celoso mercader la liberó del ingenio y se contentó con ceñirle un cordoncillo alrededor de las caderas, cruzándolo «de manera tal que precisamente colgaba delante del meollo de la cuestión».

Una de las historias más originales e inspiradas sobre el cinturón de castidad es, sin duda, la descrita por Clément Marot en la primera mitad del siglo XVI, en sus célebres epigramas.

En uno de ellos se habla de Francisco I de Francia, preso de una fogosa pasión por la esposa del barón de Orsonvilliers, que lo había acogido en su castillo de Emeraude.

Al descubrir, con gran disgusto por su parte, que las secretas beldades de la amada señora habían sido selladas por el consorte con una compleja cerradura, el soberano se dirigió a un tal Alessandro Neri, un cotizado orfebre florentino que la gente tenía por brujo a causa de su cráneo amarillo y lustroso, así como de su mandíbula, provista de dientes propios de animal salvaje.

Según cuenta Marot, cuando Neri –a quien el rey había prometido en premio muchas monedas de oro– entró en la estancia del soberano, vio tendida sobre un lecho una figura femenina cubierta de velos.

Al apartar Francisco I la tela por un extremo, apareció una pequeña rejilla de hierro del tamaño de media mano.

«Abre ese candado», ordenó el rey al orfebre. Éste se inclinó y, tras haber examinado de cerca el ingenio, dijo:

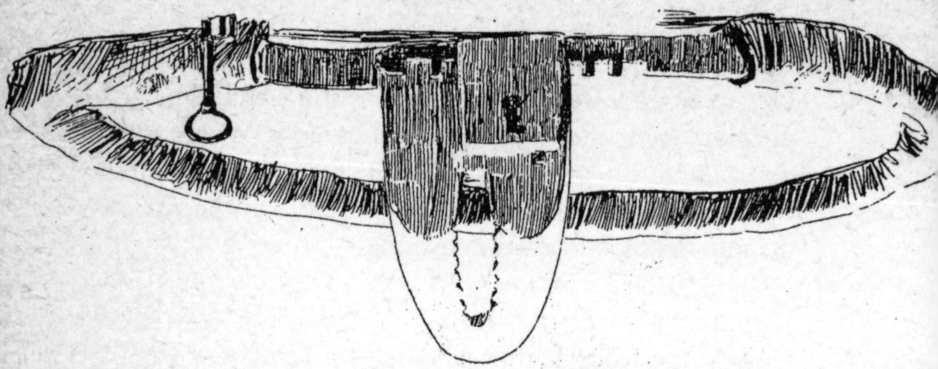

Cinturón de castidad. Siglo XVI, *Museo de Cluny, París.*

«Es un trabajo de Andrea Dossi». A continuación, apartó uno de los velos y aparecieron una cadera y un trozo de muslo de espléndida blancura. El soberano se quedó aterrorizado cuando vio al monstruo que, con sus dientes de felino, parecía querer morder las tiernas carnes.

Pero Neri recuperó de inmediato la compostura y, después de extender con sumo cuidado un cobertor sobre las desnudeces de la baronesa, que destacaban todavía más entre el ceñido cinturón de plata que le cubría las caderas, comenzó a trabajar en silencio con un instrumento alargado y puntiagudo.

Por fin, el candado se abrió con un chasquido, y la hermosa criatura apareció con la parte inferior del cuerpo completamente desnuda. El soberano se apresuró a cubrirla con el escudo de su coraza y expulsó al orfebre de sus aposentos. Poco después se reunió con él en su taller, llevando entre las manos el cinturón de Venus, y le ordenó forjar con la mayor rapidez posible una llave de oro que pudiese abrirlo sin dificultad.

Neri observó atentamente el cinturón y descubrió tres figuras y una inscripción grabada en el metal.

La primera mostraba a un hombre, cuyo miembro aparecía rodeado por un nudo corredizo, obra de Cupido, del cual intentaba en vano liberarse.

La segunda ilustraba, en cambio, a una pareja de amantes separados por un doble barrera que les permitía verse, pero no superar el obstáculo, donde se encontraba encadenado el dios del amor.

Finalmente, en la tercera imagen campeaba la Muerte, que era arrastrada al Tártaro por Cupido.

La inscripción decía: «*Cave amorem et errorem*».

Entre tanto, el barón de Orsonvilliers regresa al castillo con su ejército derrotado.

Mientras el barón se dirige a sus aposentos, Francisco coloca con sus propias manos el cinturón de castidad a su enamorada, cerrándolo con una llavecita de oro que Neri le había forjado en forma de príapo.

Antes de cerrar el candado, el rey corta un recuerdo del pubis y lo deposita en la cajita de las reliquias que llevaba colgada al cuello, junto a un minúsculo trozo del velo de la Virgen, guardando también allí la dorada llave.

–No deseo dirigir reproche alguno –dice el soberano saliendo al encuentro del barón vencido, que temía su venganza– a mis nobles guerreros abandonados por la diosa Fortuna.

»El único castigo que os impongo –añade, acercando a los labios de Orsonvilliers el insólito relicario– es besar esta santa reliquia.

Sir David Lyndsay, contemporáneo de Marot, dedicó uno de sus numerosos poemas al cinturón de castidad, demostrando escasa imaginación, pero un lenguaje desprovisto de prejuicios.

La joven Bessy, a quien su marido ha embridado, escondiendo la llave bajo el cojín, dice a un avispado amante:

–¡Bienvenido! Desgraciadamente, como puedes ver, mi vagina está cerrada con llave.

A lo cual, su amigo replica:

–Es una verdadera vergüenza que tu esposo te haya puesto un candado en el trasero.

Y, acto seguido, se las ingenia para quitarle el cinturón, colocándolo de nuevo en su sitio tras haberse solazado con la joven, a quien el ignorante consorte colma de desaforados elogios por su inmaculada fidelidad.

Quien sí se aparta en una ocasión del tema –por desgracia demasiado socorrido– de la doble llave, símbolo a un tiempo de la evidente astucia del amante y de la no menos evidente voluntad de traicionar de la mujer embridada, es Tallemant des Réaux, que en sus *Historiettes* relata el caso de un tal Nicolas Le Jay –candidato a la presidencia del Parlamento de París en el año de gracia de 1630–, el cual solía vanagloriarse ante todos los amigos y conocidos de sus afortunadas conquistas amorosas.

Fue, pues, con legítimo orgullo como aceptó, un buen día, la íntima invitación de una graciosa señora, la cual afirmaba que su marido era hasta tal punto celoso que, antes de partir, le había obligado a ponerse unas «bragas de hierro».

La insólita situación y el seductor deseo de resolverla en su propio favor prestaron audacia al presidente, que, tras una primera aproximación, pudo constatar, con suprema alegría, que el cinturón no estaba tan bien cerrado como para impedir el acceso al templo del amor.

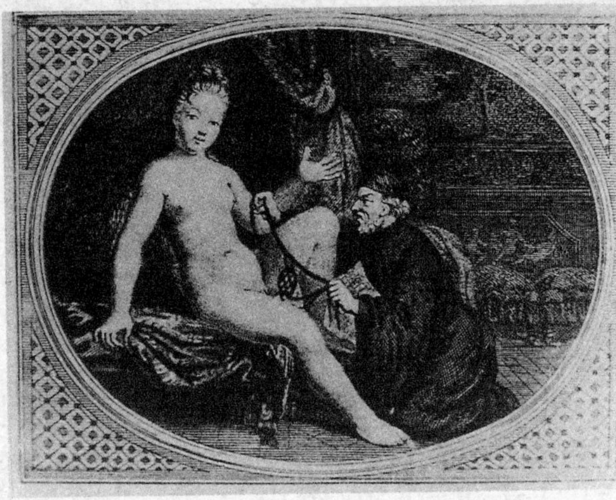

El viejo y la muchacha. *Siglo XVIII.*

Sin embargo, al término de la aventura amorosa, Le Jay se dio cuenta de que la bella criatura le había hecho víctima de una burla, dejándole como recuerdo lo que algunos llaman una «vaca lechera», es decir, una enfermedad venérea.

En la *Sátira de Luisa Sigea*, de Nicolas Chorier, un escritor del siglo XVIII, Ottavia dice:

> –Hace unos días oí a mi madre hablar con Giulia acerca del cinturón de castidad, pero no entendí de qué modo consigue ese cinturón que las mujeres sean fieles.
>
> –No tardarás en entenderlo –responde Tullia.
>
> [...]
>
> Al día siguiente, cuando Giulia se levantó, Giocondo se acercó a ella y, en su sola presencia, sacó el cinturón. Giulia preguntó, riendo:
>
> –¿Qué es esa prenda que reluce como el oro?
>
> –Deberías tener una igual –respondió Giocondo–, pues te puede proteger contra la maternidad. Se llama cinturón de castidad. Mi señora Sempronia la llevó durante muchos años, y tú deberías hacer lo propio para adquirir una reputación comparable a la suya.
>
> El cinturón de oro pendía de cuatro cadenitas de acero forradas de seda, que estaban unidas a un cerrojo del mismo metal.
>
> Sostenido por cuatro cadenitas (dos por delante y dos por detrás), dicho cinturón, provisto de una rede-

cilla de oro, se ajusta a las caderas por medio de un cerrojo, que se acciona con una minúscula llave.

La redecilla mide alrededor de unos seis dedos de largo y tres de ancho, y se extiende desde el perineo hasta la parte superior de los labios mayores, cubriendo el espacio de la región que se encuentra entre los muslos, debajo del útero.

Dividida como está en tres hileras de redes separadas una de otra, el áureo cinturón permite el paso a la emisión de orina, pero impide la entrada incluso de la punta de un dedo.

De tal modo, la coraza veda a los miembros viriles extraños el acceso a ese íntimo recinto, reservado por la ley de Himeneo a su legítimo propietario.

[...]

Ottavia: –¿Qué dice para sí la nueva esposa?

Tullia: – Lo que tú misma dirás dentro de pocos días, ya que también para ti están fabricando unos arneses similares.

Ottavia: –No sabía a qué se refería Caviceo, cuando decía que el cinturón de castidad era con mucho el mejor amigo de la virtud de las mujeres honestas, y me preguntaba si quería ponerme yo también uno, como aconsejaba mi madre.

[...]

– ¿Qué quieres que haga? –pregunta Giulia, mientras su marido aparta el cobertor del lecho.

–Introduce el pie derecho entre estas dos cadenitas y el izquierdo entre las otras dos.

Una vez hecho esto, el joven tiró del cinturón hacia arriba hasta que la rejilla llegó a la altura de la vulva. A continuación, lo ató a la base del perineo, ligeramente por encima de los riñones, y, tras introducir la llave, lo cerró.

–Ahora, tu pudor está a salvo –dijo–. ¿Estás bien, o lo llevas a disgusto?

–¡En absoluto! –respondió ella.

Entonces, él le ordenó que se levantara completamente desnuda, que bajara de la cama y que caminara.

Así lo hizo la muchacha, y avanzó unos pasos; pero, dado que los muslos le quedaban separados a causa de la anchura de la redecilla, dijo que no podía caminar con tanta comodidad como antes.

–Te acostumbrarás –replicó él–. Es lógico que te suceda al principio.

Luego le ordenó que se tendiera en el suelo, boca abajo y con el cuerpo arqueado, y de ese modo admiró su espalda y sus nalgas, pues la naturaleza la había dotado de un cuerpo de marfil.

Comprobó si se podía introducir en la vulva de la joven un dedo o algo similar. El dedo fue rechazado y se le negó el acceso.

–Todo está en orden –dijo.

Acto seguido, se dirigió a casa de Sempronia.

–Vengo a entregarte dos llaves. Primero ésta –anunció, mostrando el miembro.

–La recibiré en el lugar más apropiado para ella –respondió Sempronia, arremangándose a toda prisa el vestido y las enaguas, y tendiéndose en el lecho.

Él la embistió con el asta, y, lanzándose al galope cual corceles, ambos alcanzaron fogosos el colmo de la voluptuosidad.

Finalizado el asunto, Sempronia dijo:

–Te devuelvo tu llave, que tan bien se adapta a mi cerradura. Ahora dame la otra.

–Hela aquí –respondió Giocondo–. Tómala, es tuya.

Pese a que en el siglo XVII la literatura europea, y sobre todo la francesa, fue bastante fecunda en relatos y comedias relacionados con el uso del cinturón, la fantasía de los escritores se reveló sumamente limitada en la elección de los argumentos. Así, tanto en la comedia *El amor centinela y el cerrojo impuesto*, de Nateuil, como en *Roger Bontemps de buen humor*, atribuido al duque de Roquelaure –por no citar más que algunas–, se repiten las eternas vicisitudes del celoso engañado por el amante mediante una llave falsa.

En cambio, en un volumen anónimo publicado en Colonia en 1684 con el sugestivo título de *El amor vehemente y los excesos de los celos italianos*, aparecen algunas variantes.

El argumento trata de los celos que un tal Fabricius siente por su bella esposa, Virginia, que no se muestra en absoluto indiferente a las seductoras proposiciones de otros galanes.

Un día, el marido decide ponerle un cinturón, «cuyo uso es bien conocido en Italia», consistente en una estrecha rejilla de oro macizo con finas incrustaciones, a la que iban soldadas cuatro delgadas cadenas que se cerraban en torno a los muslos con un pesado candado, del que tan sólo Fabricius conocía el mecanismo.

Una vez construido el aparato, el esposo decide colocarlo él mismo a la joven consorte, que tras algunas protestas accede a llevarlo.

Los primeros días, Virginia lo encuentra incómodo, pero en contrapartida Fabricius le concede una libertad de la que no gozaba hacía mucho tiempo. Sin embargo, muy pronto la paz doméstica se ve perturbada por la presencia de un sirviente llamado Alessio, al que Fabricius, pecando de incauto, ha elegido como guardián del cuerpo de la muchacha. Ella, aun a su pesar, ve en el joven las delicadas facciones de un antiguo pretendiente.

Durante un baile, Virginia percibe con terror que una parte del cinturón de castidad se ha desprendido y busca sin tardanza un escondrijo para averiguar qué ha sucedido.

Alessio, preocupado por la imprevista desaparición de su señora, la sigue. Espiando a través de la cerradura de la puerta del tocador donde la joven se ha encerrado, alcanza a ver sus magníficos muslos y sus partes íntimas, que revelan los más voluptuosos secretos, y de inmediato siente nacer en su corazón una violenta pasión por ella.

Virginia, que es una mujer honesta, pese a que el gallardo sirviente le propone aprovechar sin demora el casual fallo del ingenio, rechaza la oferta con una tenacidad digna del más alto elogio.

Sin embargo, cuando Fabricius descubre que el cinturón está roto, se niega a creer que ha sido la casualidad

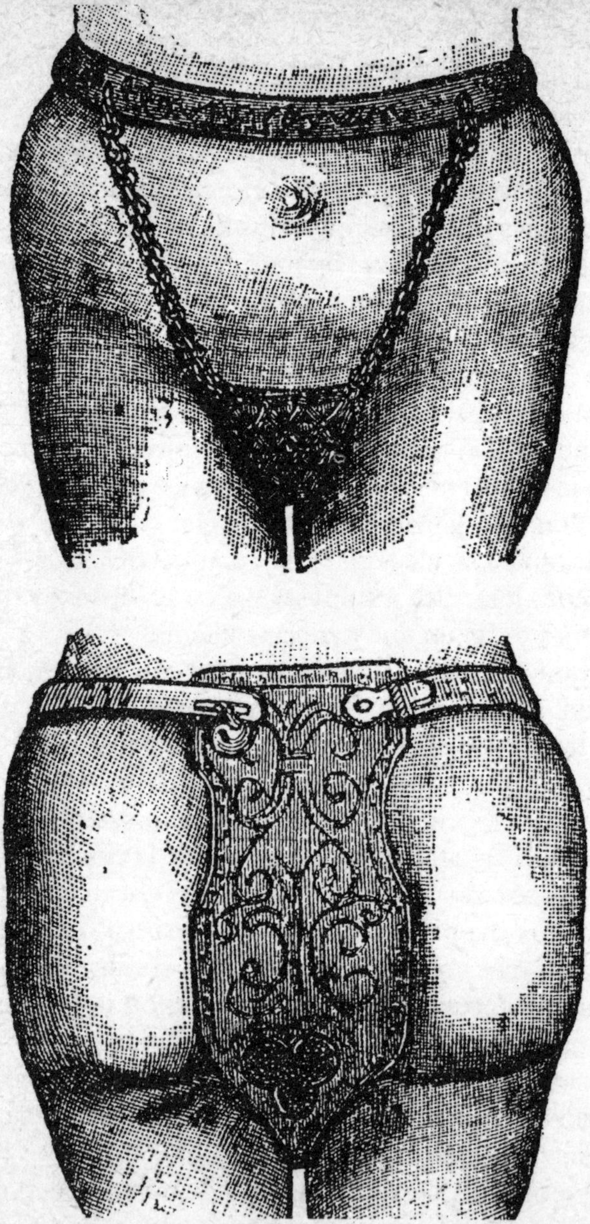

Cinturón de castidad construido con una redecilla de oro.
Grabado del siglo XIX.

quien lo ha reducido a semejante estado. Indignado, envía a su mujer a dormir a otra habitación, despide a Alessio y lo sustituye por un negro feísimo llamado Ismael. A continuación, se apresura a ponerle a Virginia otro cinturón de castidad mucho más sólido que el primero.

«Espero un hijo de ti, amado Fabricius», dice la joven esposa unos meses después, rodeando con sus brazos el cuello del esposo, inmensamente feliz.

Mientras espera el nacimiento del heredero, el marido no cabe en sí de alegría; pero, ¡cuál no sería la sorpresa de ambos cuando, el día del parto, descubre que el recién nacido presenta un parecido asombroso con Ismael!

Virginia, sus familiares, amigos, e incluso el doctor, intentan en vano convencer al infeliz padre de que se trata –según las teorías que prevalecían entonces– de una especie de sugestión diabólica o monstruosa que puede influir en las puérperas en los casos de concepción más honestos y legítimos. Fabricius, bastante escéptico a este respecto, expulsa a su mujer de casa, ordenándole que no vuelva a presentarse ante él nunca más.

Tras una serie de excitantes aventuras, cuya protagonista es la bella criatura, el largo relato concluye con el encuentro entre Virginia y su antigua pasión, Camillo.

Este último, con los sentidos inflamados, se apresura a llevarla consigo. Sin embargo, apenas le quita el vestido y las enaguas, descubre con amargura la presencia del famoso cinturón que impide el acceso al centro del placer. Tras haber intentado en vano abrirlo, utilizando minúsculas llaves (que no se sabe por qué razón tenía en su poder), el joven trata de romper a la fuerza el aparato, con el único resultado de lastimarse las manos y comprometer la integridad de las zonas más delicadas de su enamorada.

En un momento dado, encuentra una lima que la camarera guardaba en un cajón. Impulsado por el ansia de poseer a la bella Virginia, que permanecía desnuda y vibrante en el lecho como una vacante, Camillo logra finalmente cortar el cinturón y dar a la mujer amada «infinitas pruebas de su virilidad».

En 1713 aparecía en París un insólito libelo titulado *Sátiras sobre las mujeres burguesas que se hacen llamar Señora*, firmado con el seudónimo de Monsieur le Chevalier D..., que un autorizado bibliógrafo interpreta como D'Hennisart.

Una de estas sátiras lleva por título «La precaución inútil o el cinturón de virginidad», y describe un hecho –sucedido realmente dos años antes–, cuyos protagonistas son dos cónyuges que se habían impuesto el uso de un cinturón de castidad cada uno.

No confiando en absoluto en las propias virtudes y con objeto de garantizarse una fidelidad recíproca, los cónyuges acudieron a un fabricante de instrumentos quirúrgicos llamado Goubert –bastante célebre en la ciudad por haber creado unos ingenios utilísimos para contener las llamas de la pasión, cuando ésta se dirige a elementos distintos de sus legítimos amos– y le dijeron al unísono:

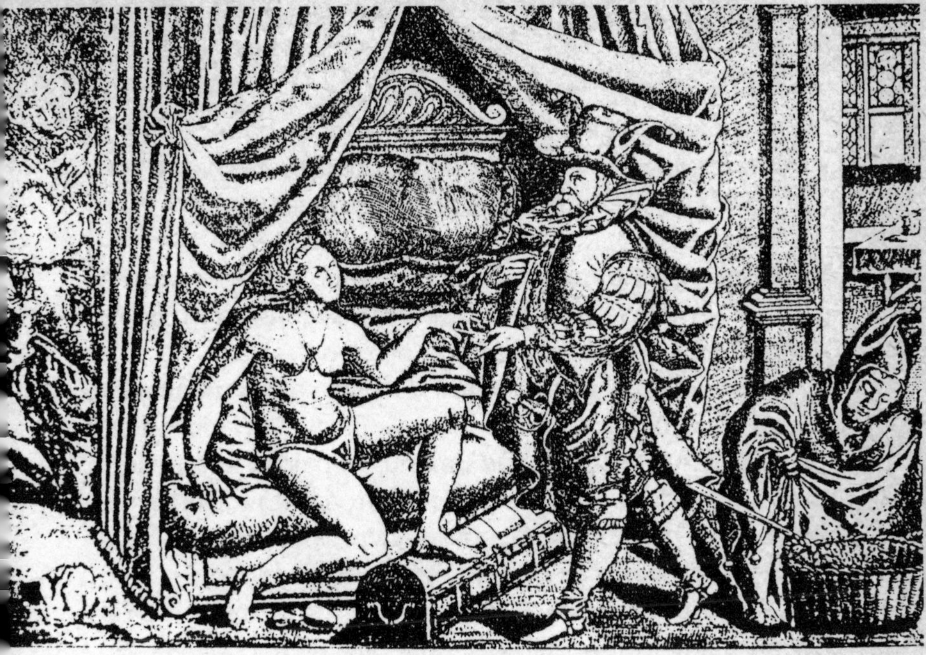

La frágil eficacia del cinturón de castidad. Grabado del siglo XVII, escuela alemana.

–Concedednos la gracia de fabricar, para cada uno de nosotros, un cinturón de castidad que se cierre con llave y esté provisto de una eficaz cerradura.

Goubert les tomó medidas con tanta precisión, que a partir de entonces ambos se creyeron seguros de su fidelidad y dejaron de sospechar uno de otro.

Sin embargo, poco tiempo después, al no manifestar el marido el mismo ardor conyugal que antes, la joven esposa comenzó a temer que una nueva pasión le estuviera distrayendo de sus deberes; y, como todas las mujeres son vengativas, no se resignó a permanecer pasiva y se dirigió al fabricante para obtener un duplicado de la llave.

No obstante, pese a las promesas de la mujer de recompensarlo ampliamente, Goubert se negó con decisión a liberarla del candado.

–Si os concediese lo que me pedís –le respondió encolerizado–, mi trabajo se multiplicaría, ya que todas mis clientes de París vendrían a pedirme lo mismo para engañar a sus maridos. Os ruego, pues, que me dispenséis por no hacerlo.

La bella señora, al ver que se le negaba con tanta intransigencia aquello que más deseaba, replicó con vehemencia que de todos modos encontraría a alguien capaz de forzar la cerradura del ingenio, y se alejó airada.

Fueron muchos los gentilhombres que, al conocer la historia, se impusieron el deber de liberarla del obstáculo; pero el marido, advertido por uno de ellos, que hizo una indiscreta publicidad del asunto, se percató de que el candado había sido manipulado y se dirigió a los tribunales. La esposa, que también había indagado acerca de la fidelidad de su consorte, hizo lo propio.

Cuando se informó al juez de los hechos, éste declaró que ambos debían someterse a un minucioso examen para calibrar los eventuales desperfectos que hubiesen sufrido los cinturones.

Por su parte, Goubert, llamado en calidad de perito, declaró que cada uno de los dos había traicionado al otro.

Tras discutir el asunto, al final se decretó que el marido celoso permanecería arrestado en espera de una investigación más profunda. Entonces, la joven esposa, sensible a lo que consideraba una ofensa para su consorte, se ofreció a responder por él con la condición de poder gozar, en el futuro, de la máxima libertad.

El marido aceptó y, de nuevo bajo el techo familiar, decidió que en adelante ambos gozarían de una independencia absoluta.

Vía abierta al amor libre, parece ser la conclusión de este relato, que, dicho sea entre paréntesis, le costó a su autor seis meses en la Bastilla.

Tampoco el eminente Voltaire desdeñó dedicar en su juventud un célebre poema, titulado «Los candados», al erótico instrumento, atribuyendo su fabricación, como de costumbre, a un artesano italiano.

El ingenioso escritor, que dedica el poema a una hermosa dama atormentada por un marido sexagenario, «que ha encerrado el libre santuario de vuestras delicias y, burlándose de nuestros deseos, guarda celosamente la llave de la morada de los placeres», imagina que el dios Plutón, irritado por las numerosas traiciones de la voluptuosa Proserpina, convoca a las almas de todos aquellos que en vida habían mortificado a sus esposas con sus celos.

Un florentino –prosigue la fábula– se presentó ante Plutón y le dijo: «Hermano mío y Señor, para ahuyentar el maligno influjo del que Vuestra Alteza ha sido víctima, la mejor solución sería matar a la propia esposa. Por desgracia, Señor, la vuestra es inmortal. Así pues, para vuestra seguridad personal, sería preciso que uno de esos candados de nueva fabricación garantizara su fidelidad. Obligada por la fuerza a la virtud, sus deseos estarán sujetos a vuestros exclusivos placeres, y ya no revolotearán a su alrededor otros amantes. ¡Ojalá hubiese complacido a los dioses que yo hubiera descubierto un método similar cuando aún estaba en vida!».

Al término de este discurso, los condenados aplaudieron y las Parcas lo grabaron en bronce. En un instante, hierro, yunques y bronce fueron dispuestos en los abismos del Infierno:

Guardiana de tal lugar, con gran primor
Tisífone trabaja en el cinturón;
lo remata y, de manos de Plutón,
Proserpina lo recibe en donación.

Y así es como, ideado en el Infierno,
por doquier se extiende tal ingenio;

y desde entonces no hay hombre respetado
que carezca de una escolta de candados.

Ni en Venecia ni en Roma hay un solo necio,
burgués o gentilhombre, que no pierda el seso
por tan extraños y singulares artefactos.
También vuestro marido, de presencia hizo acto

en Roma, y una vez en la ciudad soberana
se comportó totalmente a la romana.
Mas ¿está quizá por ello tu tesoro seguro?
El Amor a sus proyectos levantará un muro.

Este Dios gentil se encargará de vengaros.
Cuando se posee el corazón de una mujer,
el resto, culo y tetas, no tarda en aparecer.

En su poema, Voltaire prosigue diciendo que, al aplicar el ingenio, el cruel dios sintió piedad y le dijo dulcemente a su esposa: «¡Cómo os compadezco! Vais a volveros honesta».

El uso de este mecanismo, inventado por los demonios, se impuso sin demora entre la especie humana, y, desde aquel momento, ni en Venecia ni en Roma hubo pedante, burgués o gentilhombre que no se proveyera de candados para proteger el honor de su casa.

En las alturas, todos los celosos guardan bajo llave la virtud de su mujer sin temer ser criticados. También el esposo de la joven, a quien Voltaire se dirige, ha ido a Roma, donde ha estado en contacto con malos ejemplos;

y ahora les agua la fiesta, pues se comporta totalmente a la romana. Pero ¿está su tesoro por ello realmente más seguro?

Sin duda, el amor será funesto para sus proyectos. Este dios seductor tramará su venganza, puesto que ella ama al poeta, y, cuando se posee el corazón de una mujer honesta, muy pronto se posee también el resto.

EL CINTURÓN DE CASTIDAD EN LA LITERATURA: DESDE LA REVOLUCIÓN FRANCESA HASTA NUESTROS DÍAS

La Revolución francesa, con la fogosa agresividad de hombres y mujeres, más unidos que nunca por la alegría de liberarse de las cadenas de la aristocracia y de las altas instancias del clero, disuadió durante algún tiempo a los pocos maridos celosos de imponer otras cadenas, mucho más delgadas y frágiles, con las que se habían empeñado en embridar a sus esposas.

Pasado el ímpetu de los primeros tiempos, el advenimiento de Napoleón y el renovado aburguesamiento de las costumbres establecieron de nuevo –y no sólo en Francia– distancias y celos entre cónyuges y amantes.

Uno de los innumerables ejemplos nos lo ofrece la literatura a través de una escabrosa novela, publicada a principios del siglo pasado con el título *La bella alsaciana, o De tal palo, tal astilla* y atribuida a un tal Bret,[1] que, sin alejarse demasiado de otras obras del género, concede sin embargo a su jovencísima heroína una picar-

1. Bret (?), *La belle alsacienne, ou Telle mère, telle fille*, París, 1801.

día y una falta de prejuicios, sintomáticas de una época de libertad y rebeldía.

Se trata de la historia de una muchacha galante, que navega alegremente siguiendo la estela de la madre, anclada a fondo en las afrodisíacas evasiones de un placentero libertinaje.

Entre sus numerosos protectores, la joven acaba conociendo a un rico señor –del que revela a los lectores tan sólo la inicial del nombre–, el cual pone a su disposición un suntuoso apartamento en el centro de París y se convierte en su amante oficial.

Desconfiado y enormemente celoso, D..., tras haber elogiado la fidelidad femenina y... la utilidad de los eunucos encargados de tutelarla, se dirige a su amiguita –que en la novela habla en primera persona– y le dice:

> –Entre otras curiosidades que he hecho traer de Italia, me han enviado el producto de una invención maravillosa, que todas las mujeres deberían aceptar con un profundo agradecimiento hacia quien la ha creado.
>
> »Se trata de un mecanismo infalible contra las sospechas. ¿No sentís curiosidad, soberana de mi corazón, por ver una joya tan singular?
>
> Y, al tiempo que pronunciaba estas palabras, sacó del bolsillo la rareza en cuestión y me la mostró. No pude evitar echarme a reír al verla.
>
> –Si reís –dijo–, significa que al menos es divertido. Vamos, pequeña mía, sed complaciente y permitidme que vea cómo os queda.

Yo continuaba sofocada de risa, sin imaginar ni por asomo que D... pudiese hablar en serio.

Sin embargo, muy pronto me di cuenta de que era así.

Puesto que nadie ocupaba mi corazón, no me preocupaban los celos de mi amante, que pretendía privarme de una libertad que no me servía de nada; así pues, me presté gustosa. Él estaba encantado al verme afrontar la situación con tanta franqueza, y decía y hacía mil extravagancias.

–¡Ah, amorcito mío! ¡Os tengo encadenada, pilluela! ¡Sería un pecado que tantas gracias pudiesen caer en manos de cualquier desalmado que no apreciaría su valor!

–¿Cómo? ¿Las encerráis bajo llave? –exclamé.

–Sí, es por vuestro bien –respondió el, besándome con un entusiasmo increíble–. Además, os encuentro más bella desde que habéis aceptado llevar el cinturón sin vacilar. Yo guardaré la llave, y creo que no es necesario que os encomiende velar por la integridad de la cerradura.

Cuando me quedé sola, me apresuré a examinar con curiosidad el entramado que con sus ataduras aprisionaba mis encantos. Al observar la perfección del aparato, mi espíritu sintió ciertos escrúpulos.

No tenía ningún deseo de faltar a mis promesas, pero a las mujeres nos gusta ser puestas a prueba de forma espontánea. Por lo demás, es bastante cómodo no demostrar sabiduría cuando así conviene.

Aparté de mi mente estas reflexiones como si de

malos pensamientos se tratara, y di unos pasos para habituarme a llevar aquel placentero cilicio. Al principio me molestaba, pero después una se acostumbra a todo.

Permanecí tranquila durante un mes. Vivía todo lo feliz que se puede ser con el corazón desocupado. D... intentaba por todos los medios proporcionarme los accesorios del placer.

Comenzaba, sin embargo, a aburrirme de esa vida uniforme, cuando llegó F... a sacarme de aquel letargo.

F... unía al atractivo de su aspecto la gracia de su juventud; voluptuoso y disipado, corría hacia la pubertad por el camino de los placeres, para los que su prodigalidad era excesiva. Desde la primera vez que lo vi, me sentí atraída por él, que me declaró de inmediato su amor. Yo habría deseado con gusto aliviar su martirio, pero un cruel obstáculo me lo impedía.

Fue entonces cuando reconocí el error que había cometido al consentir que aprisionaran mis deseos.

Añoré mi libertad; el amor que me había abierto los ojos me hizo considerar mi triste situación.

Me esforzaba en vano por atenuar mi amargura; mi corazón no podía abrirse al más mínimo consuelo.

Excitada por su presencia, también yo me mostraba demasiado dispuesta a concederle las pruebas de mi sensibilidad.

Con los ojos fijos en los suyos, ni siquiera tenía fuerzas para responderle.

Fue la ternura de mi mirada la que le proporcionó la seguridad de su triunfo.

–Adorable criatura –me dijo–, ¿en verdad puedo creer que me permitiréis...?

–¡Deteneos! –exclamé–. ¡Deteneos! ¿Qué hacéis?

–Sí, os amo.

–¡Basta! Yo no puedo haceros feliz.

–¿Y quién podrá oponerse a mi felicidad –prosiguió–, puesto que también vos me amáis?

–¡Ay de mí! –gemí–. Existe un cruel obstáculo...

Tras estas palabras, mis ojos se anegaron de lágrimas.

–Pero ¿estáis llorando, amor mío? –suspiró–. ¿Quizás he cometido la torpeza de disgustaros?

–¡Ah! Estaría menos afligida si no os amase. Porque debo...

Mis incontenibles sollozos me interrumpieron. F..., sorprendido por aquella imprevista reacción, no lograba explicarse la causa del estado en que me encontraba.

Intentó consolarme con sus caricias, pero yo lo rechazé, y mi resistencia inflamó sus deseos.

–¡Cielo santo! ¡Qué suplicio! Dejadme –le rogué–, me sumís en la desesperación. No podré soportarlo, no, cruel... ¡Ah!

Pero él continuó acariciándome a pesar de mis gritos.El odioso misterio estaba a punto de ser descubierto.

El amor, cómplice de su temeridad, iba a vencer mi debilidad.

Las fuerzas me abandonaban, y mis manos ya no podían retener la punta de la sábana que hasta aquel momento me había servido de defensa.

–¡Malvado! ¡Estáis acabando con mis fuerzas! –grité, inflamada de dolor y de amor–. ¡Vamos! Dejaos llevar por la furia que os guía y descubriréis la causa de mi infelicidad.

Me cubrí el rostro para sustraer mi vergüenza a su mirada. Ignoro el primer efecto que aquella visión le produjo, ya que permaneció cierto tiempo sin hablar.

–Pero ¿estoy soñando? –dijo, rompiendo el silencio–. ¿Una cerradura? ¿Qué bárbaro ha osado rodear de indignas cadenas joyas dignas de ser adoradas?

Sus efusiones interrumpieron el discurso.

Yo estaba completamente inflamada por sus ardientes caricias.

Mil veces estuvo a punto de expirar a las puertas del paraíso, esforzándose en traspasar la barrera que nos separaba, pero todo fue inútil.

El templo de la voluptuosidad permaneció inaccesible a sus oraciones. Al final, llevado por la desesperación y el furor de sus deseos, el ardoroso oficiante arrojó el incensario contra una de las columnas del edificio.

Aquello hizo que se volviera más tratable y razonable. Era preciso posponer hasta el día siguiente la rendición de la fortaleza.

Un honesto y hábil herrero se interesó en nuestro caso y forjó una llave, gracias a la cual liberamos al Amor de su prisión.

Los placeres de la carne se impusieron y nos hicieron recuperar muy pronto el tiempo perdido.

Tomó tan bien mis medidas que D... no pudo descubrir nada.

Aun existiendo motivos para sospechar de mi fidelidad, después de la ingeniosa precaución que había adoptado, sus celos no me concedían tregua.

Debía permanecer en guardia a cada instante, y su desconfianza hacia mí me irritaba bastante, hasta el punto que empezaba a sentirme dispuesta a romper con él.

La heroína de la novela, una jovencita práctica y juiciosa, probablemente hubiera continuado siendo la amante, ora del rico, ora del pobre, si algún tiempo después el primero, que le había enviado un lujoso collar de diamantes para que lo luciera en un baile, no le hubiese pedido que se lo devolviera con el pretexto de que pertenecía a su legítima esposa. Ofendida e irritada por su comportamiento, la bella criatura le rogó a su nuevo amigo que esperara junto a ella la llegada del protector, que le había pedido una cita, concluyendo de este modo la aventura:

–Huelgan las explicaciones, señor –le dije–. Os ruego que pongáis fin a vuestras visitas desde este momento. A propósito –añadió–, aún no os he devuelto todas vuestras joyas. Todavía me queda una.

Mientras decía esto, tomé la llave que F... me había dado, me quité ante sus ojos el cinturón de castidad, y se lo entregué, con tal ataque de risa, que se marchó, sumamente confuso e incapaz de pronunciar una sola palabra.

Durante el Romanticismo –al menos por lo que de este movimiento ha llegado hasta nosotros–, la producción literaria sobre el cinturón de castidad resulta un tanto escasa. Por otra parte, las heroínas de la época profesaban por la castidad un culto tan profundo que perderla llevaba inevitablemente al suicidio, el convento o la prostitución, sin más alternativas.

En consecuencia, es preciso llegar hasta finales del siglo pasado, y concretamente a 1882, para encontrar ejemplos libres de prejuicios de poesías o novelas inspiradas en el festivo instrumento.

Nos encontramos, pues, en la Belle Époque, donde todo es lícito y la ostentación de los celos se considera de pésimo gusto. En una antología de relatos en verso, publicada con el malicioso título de *Lecciones conyugales*,[1] Auguste Saulière dedica un jugoso poemita a «Le poseur de ceintures», en el cual, el habitual marido celoso embrida a la esposa y, antes de partir de viaje a un país vecino, anuncia a los amigos que pudieran sentirse tentados de seducirla que sus intentos serán una pérdida de tiempo. Sin embargo, uno de ellos se presenta ante la joven esposa, con el pretexto de que el consorte ha extraviado la llave por el camino y le ha encargado que saque un molde del candado para encargar otra.

1. Auguste Saulière, *Leçons conjugales*, París, 1882.

> –En vez de una sola llave, ¿podríais, señor mío, encargar que forjaran tres? –sugiere la dama, sonriendo.

Pero cuando el joven le confiesa el engaño y la cubre de besos..., ella se conforma con una.

Al final, el marido regresa y se encuentra al rival, que le confiesa alegremente haberse acostado con su mujer utilizando otra llave.

Tras un primer momento de perplejidad, el buen hombre se resigna y, con serena filosofía, dice para sus adentros:

> Fui un necio al rodearla de cadenas, y mi amigo ha hecho bien en traicionarme.

Aproximadamente en la misma fecha se sitúa la publicación de un extenso folletín titulado *La ceinture de chasteté*,[1] cuyo autor adopta para la ocasión el seudónimo de «Casanova».

La ilustración de la cubierta, firmada por un tal G. Smit, representa a un Cupido abriendo un cinturón de castidad, sobre el que se encuentra recostada una joven. Dicha ilustración, que aparece reproducida en el presente libro, fue motivo de que se entablara un proceso contra el editor, bajo la acusación –por cierto, totalmente injustificada– de obscenidad.

1. Casanova, *La ceinture de chasteté*, Libr. Artistique, París, c. 1890.

La novela en cuestión tiene por protagonistas al barón de Roujan, un hombre de mediana edad, rico y celosísimo, a su bella esposa, Adrienne, una muchacha de apenas dieciocho años, y a Raymond Féral, el joven secretario del barón, perdidamente enamorado de ella.

Pese a estar escrito en un estilo enfático y ampuloso, con el tono melodramático y exaltado de la época, *La ceinture de chasteté* presenta cierto interés en lo que se refiere a la evolución de los sentimientos y las sensaciones eróticas que provoca en la mujer la presencia del insólito ingenio.

Al igual que en *La bella alsaciana*, la heroína de la novela pasa de la curiosidad a la aprensión, al tiempo que el cinturón, llevado al principio por juego, se convierte para ella en instrumento de opresión.

Al inicio de la historia, Adrienne se encuentra a la espera de que Raymond le lleve un duplicado de la llave, que el fabricante de cinturones, Lucien Chabrisson, le ha entregado en el más estricto secreto.

Cuando el secretario llega con la ansiada llave, ella, oponiendo a los amorosos propósitos del joven unos principios de falsa moralidad que acabará por abandonar, le cuenta el episodio en que su futuro marido le habló por primera vez del famoso cinturón:

> –Existe un aparato –me dijo–, con la ayuda del cual la fidelidad de la mujer queda a salvo de todo peligro. De vos depende, mi querida niña, poner la vuestra bajo su infalible protección.
>
> En vista de mi sorpresa ante tan singular propues-

ta, formulada en vísperas de nuestra primera noche, él prosiguió en ese tono empalagoso que vos conocéis:

–¡Oh! No os asustéis, os lo suplico, se trata de un sencillo juguete que lleva un nombre muy cristiano: cinturón de castidad.

–No he oído nunca hablar de él –le respondí.

Entonces me explicó que aquel objeto tan pío sólo era conocido por un número restringido de iniciados, ya que el cinturón de castidad, tejido en oro y seda, se fabricaba en Oriente.

–¿Cómo se lleva? –le pregunté.

–Directamente sobre la piel, pues de otro modo perdería toda su virtud.

–¿Produce alguna molestia?

–En absoluto –respondió, sonriendo–. Más bien todo lo contrario.

En mí se había despertado la curiosidad. En el fondo, me resultaba divertido y no le concedí ninguna importancia. Sin embargo, no expresé en modo alguno el deseo de saber cómo era.

Entonces, el señor de Roujan me contó que hacía unos años había realizado un peregrinaje a Jerusalén, donde le habían revelado la existencia del cinturón de castidad, que, además de su eficacia sobrenatural, volvía a quien lo llevaba inmune a la mayor parte de los males y trastornos a los que las mujeres casadas se veían expuestas.

–No diré –añadió– que acreciente su belleza, pero desde luego sí conserva su esplendor, incluso superada la madurez.

Finalmente, mi marido me confesó que se había traído de Oriente cuatro o cinco cinturones, y me dijo:

–Si por azar lo desearais, un día de éstos podría mostrároslos...

Tras dejar de insistir, por el momento, en el delicado tema, el barón, una vez celebrada la boda, volvió a la carga.

Durante la noche que siguió a la ceremonia tuve una pesadilla cuyo recuerdo jamás se ha borrado de mi mente.

Me había dormido junto a mi marido con un sueño profundo e inquieto, tras haber bebido un líquido de sabor desagradable que él me había ofrecido como un eficaz calmante. De repente, me pareció ver que el barón estaba en pie delante de la cama, con una vela en la mano que iluminaba un rostro perverso de finos labios.

Sentí como si las sábanas y las mantas hubieran desaparecido, y el desconocido me palpara el ombligo, las caderas y los muslos desnudos, tomando minuciosamente diversas medidas y anotándolas en una libretita.

Después, la odiosa visión desapareció. Más tarde comprendí que había sido víctima de una innoble profanación, inspirada por unos celos calculadores, y que la bebida no era otra cosa que un narcótico.

Una noche, cuando me encontraba a punto de acostarme, el señor de Roujan entró en mi habitación, que comunicaba con la suya.

Llevaba en la mano una graciosa caja de madera

de cedro, con incrustaciones de plata y decorada con hilo de oro.

Era muy alegre, y su presencia no me desagradaba.

De hecho, durante aquellos primeros días de matrimonio, me había colmado de tantas atenciones y caricias que me sentía casi feliz.

Sonriendo, acercó la caja a mis manos.

Yo aspiré su aroma y dije:

–¡Qué perfume tan delicioso! ¿Qué contiene?

–El cinturón de castidad que prometí mostraros.

Llena de curiosidad y excitada por todo lo que días antes me había relatado, le rogué que la abriera. Estaba descalza sobre la alfombra, preparada para meterme en la cama.

–Acostaos, amada mía –me dijo–, estaréis más cómoda.

Tras oponer cierta resistencia, cedí sin pensar en nada malo. Entonces, mi esposo abrió la caja y extrajo uno de los cuatro cinturones que ésta contenía.

Al principio, me entretuve manejando con confiada ligereza el abominable ingenio, al tiempo que le hacía a mi marido algunas preguntas, a las cuales respondió con cierta reserva.

–¿Y si os lo probarais?

–¿Con qué objeto? –le pregunté, sin poder contener la risa.

De repente, se puso muy serio e insistió:

–Este cinturón posee un don supremo y sobrenatural. Reírse de un objeto tan sagrado sería un sacrilegio. Si os lo pusierais de vez en cuando, podríais percibir su extraordinaria eficacia.

Durante unos instantes, me obstiné en negarme. Luego, cansada de discutir, le dije con impaciencia:

–Está bien, me lo probaré para complaceros.

–No –replicó él, quitándomelo de las manos–, sola no lograréis ponéroslo.

Acabé por someterme a su voluntad y dejé que me pusiera el cinturón. De pronto, me di cuenta de que lo estaba cerrando con llave...

En mi atolondramiento, no me había percatado de que en aquel complicado mecanismo había una cerradura...

El largo martirio de la infeliz Adrienne, a quien el barón de Roujan –pese a su promesa de liberarla al poco tiempo del incómodo aparato– insiste en tener embridada, invocando la religión y las mortificaciones que ésta exige al matrimonio, se encuentra a punto de llegar a su fin gracias al emprendedor secretario.

Y he aquí que, una vez más, el uso del cinturón provoca en Adrienne, como en la mayor parte de las mujeres, además de vergüenza, un estímulo de naturaleza exquisitamente erótica que, venciendo todo instinto natural de pudor, la impulsa a entregarse al hombre con voluptuoso frenesí, más allá de cualquier sentimiento maduro.

–Bastarán unos minutos –replicó Raymond, emocionado ante la idea de lo que debía llevar a cabo.

Ella cerró los ojos y susurró, ya no con el tono de una mujer dueña de sí, sino con el de la amante que está a punto de ceder:

–Experimenté tal sensación ayer por la mañana, cuando sacaste el molde... ¡Ah! ¿Por qué no lo hice yo misma?

En aquellas palabras vacilantes, suaves cual brisa de primavera, en aquella familiaridad que brotaba espontáneamente de su corazón, Raymond sintió que la naturaleza y el amor ejercían su influjo en ella, y que estaba a punto de entregarse.

Su agitación era tan grande, que el joven respondió con voz apenas inteligible:

–¿Pretendes hacer esto tú? Adorada mía, sabes perfectamente que es imposible y que sufrirías en vano.

–¡Ay de mí! El aparato está fabricado con tal habilidad, que para acceder a la cerradura me veo obligada a adoptar una posición sumamente peculiar que me impediría introducir la llave... Lo he constatado muchas veces.

–Apresurémonos, pues –dijo Raymond, esforzándose inútilmente en ocultar su turbación–. Una vez que lo logremos...

–¿Estás seguro de que la llave servirá? –lo interrumpió la baronesa, intentando dominarse.

–Así lo espero.

La joven se levantó bruscamente y dijo:

–Entonces, hazlo ya.

Acto seguido, se dispuso a tenderse sobre un diván, todavía más pálida y con el pecho palpitante, no por la vergüenza, sino por una causa bastante distinta.

Raymond Féral tomó la lámpara y la colocó de forma que la baronesa quedara situada a plena luz; después, se aproximó a ella y se arrodilló junto al diván.

Con gesto decidido, la baronesa dejó deslizar la bata y apareció en toda la opulencia de sus formas.

El famoso cinturón había quedado al descubierto.

Se trataba de un extraño aparato, construido con gran maestría.

Consistía en una vaina de tela de seda doble –cuyo interior contenía una serie de finísimos muelles–, la cual, partiendo de debajo del ombligo, descendía hasta la entrepierna y ceñía los muslos como unas calzas de baño.

Una faja de tres dedos de ancho oprimía los riñones, dejando las nalgas al descubierto.

Entre las piernas había una abertura longitudinal; una fina lámina de oro, que rodeaba los bordes, estaba perforada por numerosos y diminutos orificios. A la más mínima presión, se accionaba un mecanismo formado por afiladas agujas, que surgían de dichos orificios y se entrecruzaban para proteger la abertura.

El ingenio, articulado en la juntura del fémur, era de una extraordinaria precisión, y resultaba evidente que había sido hecho a medida.

Raymond se inclinó para ejecutar el trabajo, pero la posición en que se encontraba la bella criatura impedía acceder a la cerradura, oculta tras una lámina de oro que, obedeciendo a un mecanismo interior, se deslizaba hasta el centro de la abertura.

Arqueando su magnífico cuerpo, la baronesa logró por fin colocarse en la postura adecuada, y entonces la minúscula cerradura dejó al descubierto sus partes más secretas.

Raymond introdujo la llave, presionando suavemente con mano temblorosa, le dio dos vueltas, y el cinturón se abrió de arriba abajo.

Temiendo herir a Adrienne, el joven lo retiró lentamente, con mil precauciones, y lo arrojó sobre la alfombra.

Ya libre, la baronesa se incorporó jadeante, medio desvanecida. Raymond Féral, en pie, la contemplaba en su espléndida desnudez. Entonces, ella se le acercó de improviso y lo estrechó frenéticamente contra su pecho. Sumida en un estado de embriaguez que anulaba los últimos destellos de razón, murmuró:

–¡Te amo! ¡Te amo! ¡Tómame!

Por último, no podía faltar la nota satírica y despreocupada de nuestro gran poeta romano Trilussa, que en una antología de sonetos publicada en el año 1900 cantaba así al cinturón de castidad:

Con frecuencia he leído que antaño,
para conservar a la mujer inmaculada,

Confidencias. *Dibujo de Francisco de Goya. 1810.*

con una especie de cinturón se la rodeaba,
y así su honor quedaba a resguardo.

Todo amante, al dejar a su amiga,
cerraba con llave la cerradura...
como si fuera una puerta... ¡Qué caricatura!
A los desconfiados, ¡Dios los bendiga!

Como ahora la gente tiene más moral,
estas cosas no suceden hoy en día,
pues la fémina es honesta de natural.

Pero, si este uso todavía fuera actual,
¿cómo recordarías tú, Mariettina mía,
quién había sido el último en cerrar?

En el siglo XX, la literatura –si así podemos llamarla– que se ocupa del cinturón de castidad es bastante escasa, y de hecho está más relacionada con la sátira que con la narrativa propiamente dicha.

Entre uno y otro género, aunque más cerca del primero, se inscribe una obra publicada en 1928 con el título de *La cintura di castità*, de un escritor italiano licencioso, pero no exento de talento, Pitigrillo (Dino Segre).

El relato que da nombre al libro tiene un toque original y burlón que se aleja de los esquemas ya manidos del cinturón y el duplicado de la llave, y demuestra una vez más cuán inútiles y contraproducentes son los celos.

El protagonista de la historia es un tal doctor Cirmeni,

un cirujano poco agraciado, pero con fortuna, que se enamora de Felka, una *chanteuse* de vida alegre, madre de un niño. Cirmeni la hace su esposa y asegura mantenerla a salvo de posibles rivales, exaltando la utilidad del cinturón en un cordial e ingenioso coloquio con un colega psicólogo.

–No, amigo mío, los celos no son un estado alotrópico del amor –objetaba el doctor Cirmeni al doctor Axenfeld, que a menudo discutía con él de psicología–. Yo no amo a mi mujer y, sin embargo, me siento celoso, simplemente porque cuando me acerco a ella buscando esparcimiento y distracción, necesito saber que esa mujer, cuya posesión no es más que un pequeño incidente en mi vida, sólo me pertenece a mí.

»Los celos, lo reconozco, son un sentimiento bárbaro, salvaje y primitivo, que los años y la civilización deberían haber sofocado y destruido.

»Pero yo no tengo la culpa de ser un hombre de mi tiempo y vivir en el año 1928, ni tampoco de que los animales de mi especie, que viven en colonias en la tierra, todavía no hayan evolucionado hasta el punto de consentir que la propia mujer sea también la hembra de otros.

»Con el paso de los siglos y con la evolución animal, los celos del hombre se irán eliminando, al igual que se va atrofiando la muela del juicio y las vértebras del coxis.

»Sin embargo, hoy todavía no hemos llegado a tal grado de perfeccionamiento, y yo siento celos del mismo modo que los sentían aquellos soldados de la Edad Media que, antes de partir a interminables guerras, imponían a sus esposas el cinturón de castidad.

–Eso es una leyenda.

–¿Una leyenda? ¿Acaso no has estado en el Museo de Cluny, en París? Allí hay dos en un estado de conservación tan perfecto que todavía hoy podrían usarse.

»Pues bien, yo entiendo los celos como los entendían aquellos enamorados primitivos.[1]

–¡Es grotesco!

–Sí, lo sé, es grotesco.

–Y también ingenuo. ¿Qué te importa que tu mujer –objetó el amigo Axenfeld– no conceda a otro macho esa parte del cuerpo sellada por el cinturón de castidad, desde el momento en que puede ofrecerle su boca, su pasión, su alma?

»Con el cinturón de castidad, lo único que consigues es impedir un acto sexual, la unión de dos mucosas.

»Sin embargo, no puedes impedir el resto, el amor, la pasión, el deseo.

–¡Palabrería! –replicó el marido–. Nuestros celos, los celos auténticos, los celos grandiosos, los celos que arrastran al delito, los celos que se manifiestan de la forma más animalmente sublime tienen su origen en la mezcla, como tú dices, de las dos mucosas.

1. Como se ha demostrado anteriormente, se trata de una convicción errónea, pues los cinturones de castidad del Museo de Cluny, como por otra parte todos los demás ejemplares retirados de los museos, corresponden a épocas bastante posteriores a la de las Cruzadas.

·EXLIBRIS·EROTICIS·H·B·P·

»El hombre verdaderamente celoso tan sólo teme ese contacto, la adhesión de esas dos mucosas húmedas. ¿Comprendes?

–Sí, comprendo y te compadezco.

–El cinturón de castidad es un instrumento ideal, ya que impide dicha unión.

»Si pudiese cerrar ese ingenio de hierro y marfil en torno a la pelvis de la mujer a la que amo (mi amante) y de la mujer que me gusta (mi esposa), acompañaría el gesto con estas palabras:

»"Y ahora besa también a otro, bésalo como quieras, donde quieras, dale todo el fuego de tu boca enamorada, ofrécele tu pasión, muere de amor por él, y ódiame, siente repugnancia de mí... Nada de eso importa con tal de que yo sepa que esa parte misteriosa de tu cuerpo no recibe las poluciones de otro. La consumación del adulterio es lo único que me atormenta. Pero el deseo, el amor, el adulterio blanco, no".

»Amigo mío, veo en tu expresión que te causo horror, como se lo causaría a la mujer a quien le hablase en estos términos.

»Pero el amor sublime, el amor inmenso, el amor por el que se llega a matar, no es otro, permíteme decirlo, que el que se sufre por el contacto de esas dos mucosas.

Tras este preámbulo erótico-filosófico, el doctor Cirmeni, que debe ausentarse durante unas semanas, decide imponer a su consorte, a modo de «guardia de honor», en lugar del cinturón de castidad, la presencia de tres moralistas: la del psicólogo Han Axenfeld, la del teólogo Nardelli y la de un magistrado miope y de aspecto horrible.

Ante la imposibilidad de ceñir en torno a su cintura aquel ingenio de hierro y marfil que había admirado con bárbaro deseo en una vitrina del Museo de Cluny, le había construido uno todavía más inextricable, formado por tres hombres, por tres virtuosos inflexibles: el magistrado, idealista y soñador, que renegaba de la apariencia de la materia, perdidamente enamorado de la realidad del espíritu; el teólogo, cuyas vestiduras constituían una garantía absoluta de pureza; y el doctor en física alemán, que había logrado adormecer las exigencias de la carne.

Sin embargo, contrariamente a las previsiones del marido, los tres «moralistas» van abandonando poco a poco sus severísimos principios ante la presencia de la ardiente y provocadora *chanteuse*.

El primero en ceder es el psicólogo.

Pero los otros dos huéspedes de la voluptuosa señora no quieren ser menos. Y así, el emblemático cinturón de castidad se abre por segunda vez para el joven padre Nardelli. Éste, entre beso y beso, relata a Felka, con objeto de excitarla más –como si ello fuera necesario–, el caso de una bellísima hindú a la que había conocido, la cual llevaba tatuada en el vientre la historia de la caza de un tigre, «que lograba ocultarse en un escondrijo secreto del pubis depilado, no quedando fuera de él más que la cola».

Por último, la posee el magistrado, que la desnuda poco a poco y que, evidentemente, no se quita las gafas hasta llegar al momento supremo.

Y cuando, al regreso de su viaje, el marido interroga a la esposa acerca de su fidelidad, Felka le asegura que ninguno de los tres ha intentado u osado tocarla ni siquiera con un dedo.

EL CINTURÓN EN LA PUBLICIDAD

Por lo que relata Brantôme en su célebre *Vida de las damas galantes*, es bastante probable que el primer comerciante que intentó hacer publicidad de sus cinturones de castidad –obteniendo un fracaso absoluto– fuera «un chatarrero que, en tiempos de Luis XIV llevó a la feria de San Germán una docena de instrumentos para embridar el sexo de las mujeres; se trataba de ingenios de hierro que se ceñían al talle como un cinturón, se unían por debajo pasando entre los muslos, y se podían cerrar con llave; estaban construidos con un arte tan sutil, que la mujer que estuviese encadenada con uno de estos aparatos no podía obtener el más mínimo placer sexual, al no estar provisto el susodicho cinturón más que de minúsculos orificios para permitir la salida de la orina».

Brantôme añade que cinco o seis maridos celosos adquirieron el objeto y ciñeron de tal modo el talle de sus esposas con él, que éstas tuvieron que despedirse de los felices tiempos en que todo les era lícito.

Mas a una mujer –recuerda Brantôme– se le ocurrió acudir a un cerrajero muy diestro en su oficio, el cual, una vez examinado el ingenio de hierro, la carne encerrada en su interior, y todo lo demás, mientras el marido vagaba por los campos, dio sobradas pruebas de su habilidad construyendo una llave con la que la dama abría y cerraba el artilugio con toda facilidad. El marido no sospechó jamás nada, y ella se sació de los goces de la vida en las barbas de su fatuo, celoso y cornudo marido, que mientras tanto alardeaba de vivir a salvo de posibles cornamentas.

Sin embargo, aquel pícaro cerrajero, autor de la falsa llave, jugó sucio con el marido e incluso hizo algo mucho mejor: según dicen, fue el primero en probar el fruto y hacerlo cornudo. ¿Qué podía haber de malo en ello cuando la propia Venus, que fue la mujer más bella y puta del mundo, tenía por marido al asqueroso, cojo, sucio y repugnante herrero que era Vulcano?

Pero la cosa fue aún más lejos, pues se dice que muchos de los galantes gentilhombres de la corte llegaron al extremo de amenazar al quincallero con matarle si no dejaba de vender aquellos cacharros, retirando de la circulación el remanente de su mercancía y arrojándolo al fuego. Y así lo hizo éste, y no se oyó hablar más del asunto...

Con el paso de los siglos, y disponiendo de medios más sofisticados, el cinturón de castidad afronta el reto de la publicidad comercial. Según refiere Caufeynon, en 1879 un periódico llamado *El intermediario de los buscadores y los «curiosos» de París* reproducía, por mediación de un cronista que lo había obtenido por casualidad de un ortopédico de Reims, un anuncio impreso unos diez años antes en los siguientes términos:

SE ACABARON LOS ESTUPROS

Aparato que protege la fidelidad de las mujeres. Con armazón y cerradura sencillas, 120 francos. Con armazón y cerradura de lujo y espléndido acabado, 180 francos. Con armazón y cerradura de seguridad, fabricados en plata, 370 francos.

El aparato se sirve contra reembolso, enviando directamente el importe al señor Cambon, notario y síndico de Cassagnes-Comptaux, autorizado por Rignac (Aveyron) para cobrarlo y responder de él.

Un invento de tal género no necesita elogios, dado que quien lo desee puede comprobar las ventajas por su cuenta y en su provecho.

Gracias a él, podrá ponerse a las muchachas a salvo de aquellas desgracias que las cubren de vergüenza y sumen a las familias en el desconsuelo.

Permitirá al marido dejar sola a su esposa, sin el temor de ser ultrajado en su honor y en sus sentimientos. De ahora en adelante, muchos litigios y obscenidades dejarán de existir.

Los padres se sentirán seguros de su paternidad, ya no albergarán la terrible sospecha de que sus hijos

Frontispicio del estuche de una serie de tarjetas postales titulada La Ceinture. *Principios del siglo* XX.

puedan ser de otro, y estarán en condiciones de mantener bajo llave bienes mucho más preciosos que el oro.

En una época dominada por el desorden como ésta en la que vivimos, en la que tanto abundan los maridos traicionados y las madres engañadas, he considerado realizar una buena acción y prestar un servicio a la sociedad, ofreciéndole un invento destinado a proteger las buenas costumbres; ha sido preciso estar absolutamente seguros de su utilidad antes de darle pública difusión, evitando así un posible ridículo.

Se dirá que la nuestra es una iniciativa disparatada, pero ¿quién está más loco, el inventor de la camisa de fuerza o el que necesita llevarla?

Imprenta Walder, calle Bonaparte, 44, París.

A estos documentos, Caufeynon añade también un par de cartas de proveedores, reproducidas en el mismo periódico, en respuesta a las demandas por parte de clientes del famoso cinturón, bautizado para la ocasión con el término griego de *edozone*, es decir, «cinturón de pudor».

Señor:

En relación a su misiva, recibida esta mañana, le comunico que estoy en condiciones de fabricar el cinturón que me solicita; en lo que se refiere a las medidas, es preciso tomar la de la pelvis, colocando el metro más bien por encima de las caderas, así como la de la circunferencia de los muslos. El costo del aparato, fi-

K.HEJNÝ
EX LIBRIS PROHIBITIS

namente labrado, es de 180 francos, y le será enviado dentro de unos ocho días.

Deseando que...

B...

En la otra carta, la empresa describe el cinturón encargado por el cliente:

Señor:

He recibido su atenta carta fechada el 18 del corriente mes. Estoy en condiciones de facilitarle el objeto que desea. Es de plata, con el interior dorado para evitar la oxidación.

El aparato se puede construir, según sus exigencias, con protección anterior y posterior, pero debo advertirle que esta última modalidad presenta un inconveniente: mientras que para satisfacer las necesidades anteriores no es preciso retirarlo, sí debe hacerse, en cambio, para satisfacer las necesidades posteriores.

Se cierra con un candado de seguridad. Los precios son los siguientes: el aparato con protección anterior, 300 francos; el de doble uso, 500 francos. Las medidas que se requieren son:

1. La circunferencia del cuerpo tomada por encima del pubis, tal como indica la línea punteada.

2. La anchura del pubis indicada por la flecha.

En los albores de nuestro siglo, la industria de cinturones de castidad florece, además de en París, en Londres y

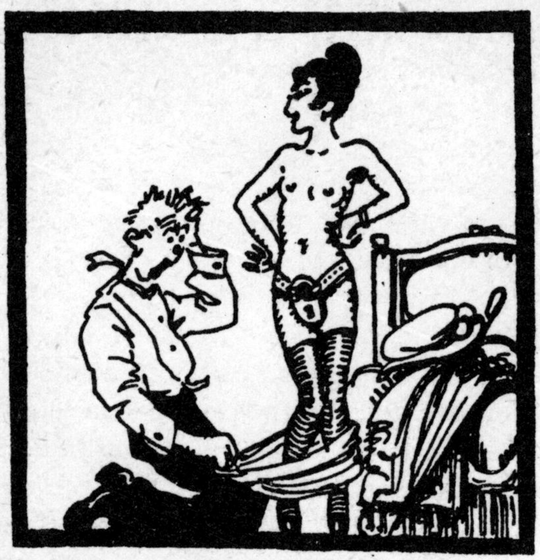

J. Touchet. 1921.

Nueva York, donde el *girdle of chastity* encuentra sus consumidores preferidos entre los que componen el mundo de las altas finanzas.

No obstante, este sugestivo comercio alcanza también un gran desarrollo en Alemania, y especialmente en Berlín, donde frau Emile Schäfer registra con el número 204.538 la patente de «una red protectora para mujeres, contra la infidelidad conyugal».

El aparato consistía en una fina redecilla de hilo que cubría la entrepierna y quedaba sujeta con un pequeño candado. Sin embargo, pocos meses después la policía berlinesa invalidaba la patente, afirmando que se trataba de un invento «contra las buenas costumbres».

También en estos anuncios resulta fácil ver que, bajo el pretexto de la infidelidad conyugal y de la protección de las jóvenes en lo que se refiere a la virginidad, se esconde sin sombra de duda una finalidad puramente lúdica.

El cinturón que, por exigencia del cliente, está provisto de «protección anterior y posterior», según el propio fabricante presenta el inconveniente de que debe ser retirado para satisfacer las necesidades posteriores.

Un cinturón con una sola abertura –se ha dicho ya en repetidas ocasiones–, es un cinturón que, al exigir ser abierto todos los días y por lo general a horas distintas, no tiene nada de constrictivo. El marido o el amante que deben permanecer siempre a disposición de la mujer, para liberarla de sus necesidades fisiológicas, de ningún modo pueden considerarse carceleros, sino en todo caso víctimas voluntarias, dispuestas a compartir con sus mujeres esos juegos amorosos de los que tanto se ha hablado.

Todavía resulta más explícito el elemento lúdico del cinturón de castidad que ponía en venta aquella señora berlinesa. El hecho de que la policía de esa misma ciudad lo considerase un invento contra las buenas costumbres no precisa comentario alguno.

EL CINTURÓN DE CASTIDAD COMO OBJETO DE PLACER EN EL AÑO 2000

En *La filosofía en el tocador*, del inventor y máximo teórico del sadismo, el Marqués de Sade, Madame de Saint-Anges previene en unos términos más que elocuentes a la jovencísima Eugénie, a quien Dolmancé azota hasta hacerla sangrar; le dice

> –Valor, ángel mío, resiste. Recuerda que es a través del sufrimiento como se llega siempre al placer.

A este respecto, la conocida psicoanalista Helène Deutsch,[1] ha llegado al extremo de afirmar que

> el masoquismo (es decir, el goce alcanzado a través del sufrimiento) constituye un elemento indispensable en la evolución de la mujer y en la aceptación de su feminidad.

1. Helène Deutsch, *Psychoanalyse der weiblichen Sexualfunktionen*, Int. Psa Verlag, 1925.

Incluso para quien no acepta juicios de ese género, parece sin embargo evidente que para algunas, o numerosas, mujeres, el masoquismo aparece como un estadio obligado de su desarrollo sexual. Por tal motivo, el cinturón de castidad –como ya se ha dicho– se convierte en un instrumento para satisfacer exigencias psicofísicas naturales, cuando no representa *tout court* un juego erótico variado y exquisito en sí mismo.

El hecho de que en nuestros días se ha producido un retorno o un resurgimiento en versión lúdica del cinturón, lo demuestra también el éxito que hace aproximadamente un año acompañó la singular venta de media docena de cinturones, obra del escultor romano Angelo Camerino y adquiridos por otras tantas parejas al precio de dos millones de liras cada uno. Semejante noticia bastó para llenar las crónicas de periódicos, revistas y espacios televisivos (incluida la Televisión japonesa), así como para propagar al mismo tiempo infinidad de estupideces y errores.

Ante todo, gran parte de la prensa situaba el origen del cinturón en la época de las Cruzadas, cosa que como hemos demostrado es absolutamente falsa e inadmisible.

Otra afirmación, si no errónea, al menos un tanto exagerada, era la de atribuir a la baja Edad Media una extremada severidad de costumbres, además de una intransigencia y un puritanismo exacerbados, que obligaban a las mujeres de la época a someterse sin rechistar a la autoridad de los maridos, mientras que estos últimos se constituían en activos custodios de la fidelidad de sus esposas en nombre de la Santa Iglesia Romana. En realidad, uno de los estudiosos de historia medieval más célebres[1] ha afirmado en un cautivador ensayo:

> En el fondo, la vida erótica, incluso en las clases superiores, continuó siendo de una gran brutalidad. En las costumbres cotidianas imperaba todavía una total procacidad.

Y Cleugh, en el libro ya citado, dice:

> La función del marido, biológicamente hablando, era tan sólo la de iniciar a la esposa en los placeres del sexo.
>
> Una vez que su apetito de tales placeres había sido excitado, la mujer encontraba el medio de aparearse a otros, y por lo general con bastante frecuencia.

Pero el error más grande cometido por casi todos los *mass-media* en sus comentarios acerca de los cinturones de castidad vendidos por Camerino, fue el de desaprobar el renacimiento y el retorno de un «instrumento de tortura» a costa de la mujer indefensa, «sojuzgada –reproduzco la frase de un diario del sur– a un concepto de honor sinónimo de propiedad privada», para concluir diciendo que «sería realmente un doloroso escarnio para todas las mujeres que ya ven la Edad Media a sus espaldas».

1. Johan Huizinga, *El otoño de la Edad Media*, Alianza, 1988.

Pero ¿a qué retorno al pasado, a qué instrumentos de tortura y a qué esclavitud de la mujer se refieren? La única visión lúcida en el asunto de las afortunadas ventas de los cinturones de castidad fue el periodista y escritor, además de inventor del *talk-show* a la italiana, Maurizio Costanzo, quien declaró:

> Tan sólo encuentro una justificación a este comportamiento si significa juego en el seno de la pareja.

Y el hecho de que es un juego lo demuestra también la holandesa Marijcke van der Maden, que en su galería de Roma expone con éxito una serie de cinturones de castidad... teledirigidos.

Se trata de cinturones llevados por muñecas. Muñecas para adultos, por supuesto, a los que –ayer igual que hoy, y hoy igual que mañana, en ese siglo XXI en que el cinturón de castidad se consagrará, una vez más, como cinturón de placer– les gusta jugar con sus compañeras sentimentales y de cama a esos eternos juegos de amor que no tienen época ni edad.

BIBLIOGRAFÍA

Banach, A., *Les «Enfers» domaine polonais*, París, 1966.

Bonneau, A., *Curiosa*, París, 1887.

Brantôme, *La vita delle dame galanti*.

Casanova, *La ceinture de chasteté*, París, sin fecha.

Caufeynon, *La cinture de chasteté*, París, 1904.

Cela, Camilo José, *Diccionario del erotismo*, Grijalbo, 1988.

Comfort, Alex, *La gioia del sesso*, Bompiani, 1975. (Edición en castellano: *The Joy of Sex. Guía ilustrada del amor*, Grijalbo, 1989.)

Deste, Jean, *Erotisme, vêtement et parure*, París, 1970.

Dingwall, John, *The Girdle of Chastity*, Clarion Press, Nueva York, 1959.

Domingo, X., *Erotologie de l'Espagne*, París, 1967.

Dufour, F., *Histoire de la prostitution*, París, 1851.

Feldhaus, F. M., *Ka-Pi-Fu*, Berlín, 1921.

Fuchs, E., *Illustrierte Sittengeschichte*, 6 vols., Munich, 1909-1912.

– *Die Frau in der Karikatur*, Munich, 1906.

– *L'élément érotique dans la caricature*, impresión privada, Viena, 1906.

Goncourt, Edmond y Jules, *Journal*, París, 1888. (Edición en castellano: *Diario íntimo (1851-1895)*, Altafulla, 1987.)
Hervez, J., *Mignons et courtisanes au XVI siècle*, París, 1907.
Hoyer, E., *Das Lüsterne Weib*, Viena, 1929.
Langner, Lawrence, *L'importance d'être vêtu*, París, 1962.
Marcus, Maria, *Masochismo: una malattia particolare*, Savelli, Roma, 1979.
Saulière, Auguste, *Leçons conjugales*, París, 1882.
Spinner, J. R., *Die Jungfernshaft*, Leipzig, 1931.
Tallemant des Réaux, G., *Historiettes*, París, 1861.
Villeneuve, B., *Le Baiser*, París, sin fecha.
Welzl, J., *Das Weib als Sklavin*, Viena, 1926.

Dictionnaire de sexologie, Pauvert, París, 1967.
Dictionnaire des moeurs, París, 1772.
Le Rire, 1968.
Bilderlexikon, 5 vols., Viena, 1928.
Sittengeschichte von Paris, Viena, 1926.
Sittengeschichte des Intimen, Viena, sin fecha.
La Médécine Anecdotique Historique et Littéraire, París, 1902.

Periódicos y revistas 1988-1989.

ÍNDICE

Colección Opus Voluptatis

Títulos publicados

La otra historia de la sexualidad – Chimo Fernández de Castro
La otra historia sexual de España – Enrique de Obregón
Historia secreta del cinturón de castidad – Piero Lorenzoni

La senda del éxtasis

Margo Anand

El arte de la sexualidad sublime

Técnicas de sexualidad tántrica para amantes occidentales

Descubra cómo conseguir la prolongación máxima del placer; el orgasmo reiterado sin eyaculación; los orgasmos múltiples de la mujer; la superación de los problemas sexuales más comunes; formas insospechadas de estimulación sexual... Y todo gracias a los masajes, los ejercicios de visualización y respiración, las ceremonias rituales, las fantasías y movilizaciones de la energía vital que se recogen en este libro.

Ilustrado